Kritisch denken – treffend argumentieren

Paul Walter • Petra Wenzl

Kritisch denken – treffend argumentieren

Ein Übungsbuch

Unter Mitarbeit von
Julian Brandt, Charmaine Choudhry, Daniel
Chwatinski, Annabell Dittmar, Verena Donig, Jan
Eggemann, Viola Fischer, Alissa Gruhn, Miriam
Gruppe, Stephanie Grünbauer, Sebastian Heier,
Kevin Henning, Birte Horstmann, Anja Hübner,
Dennis Kausche, Jan Kehlbeck, Tomke Katharina
Klein, Torsten Kneiseler, Lina Knorr, Sven Joshua
Kossenjans, Ekaterina Kovriguina, Dana Krautwald,
Anna-Lena Maaß, Suna Mutlugünes, Lena Neumann,
Annika Poetsch, Felix Schneider, Mareike Schröder,
Enno Schulz, Monika Sieczka, Dirk Thode, Christina
Timmermann, Anja-Louisa Vogt, Sergej Wittmann,
Pinar Yücel

Paul Walter
Petra Wenzl
Universität Bremen, Deutschland

ISBN 978-3-658-10553-2   ISBN 978-3-658-10554-9 (eBook)
DOI 10.1007/978-3-658-10554-9

Die Deutsche Nationalbibliothek verzeichnet diese Publikation in der Deutschen Nationalbi-
bliografie; detaillierte bibliografische Daten sind im Internet über http://dnb.d-nb.de abrufbar.

Springer VS
© Springer Fachmedien Wiesbaden 2016

Lektorat: Katrin Emmerich, Katharina Gonsior

Gedruckt auf säurefreiem und chlorfrei gebleichtem Papier

Springer Fachmedien Wiesbaden ist Teil der Fachverlagsgruppe Springer Science+Business Media
(www.springer.com)

Inhalt

Vorwort 1

1   Einführung 3

2   Deduktive Methoden 7

2.1 Hilfsmittel zur Darstellung und Prüfung
      von deduktiven Aussagen 8
      2.1.1 Euler-Diagramme 8
      2.1.2 Venn-Diagramme 10
      2.1.3 Formale Darstellung 13

2.2 Validität und Stichhaltigkeit von deduktiven Argumenten 15

2.3 Basale Formen deduktiver Argumentation 16
      2.3.1 Klassenlogik 16
      2.3.2 Aussagenlogik 17
            2.3.2.1 Konjunktion 18
            2.3.2.2 Disjunktion 19
            2.3.2.3 Kontraposition und doppelte Verneinung 20
            2.3.2.4 Validität von Folgerungen aus Implikationen 21

2.4 Aufgaben zu deduktiven Methoden 23

2.5   Lösungen mit Kommentaren   35
      2.5.1   Aufgabengruppe A   35
      2.5.2   Aufgabengruppe B   38
      2.5.3   Aufgabengruppe C   42
      2.5.4   Aufgabengruppe D   45
      2.5.5   Aufgabengruppe E   47
      2.5.6   Aufgabengruppe F   50
      2.5.7   Aufgabengruppe G   52
      2.5.8   Aufgabengruppe H   53
      2.5.9   Aufgabengruppe I   54

3   **Induktive Methoden**   57

3.1   Verallgemeinerung per Induktion   59

3.2   Statistische Argumentation   60

3.3   Diagnostische Induktion   60

3.4   Typische Fehler beim induktiven Argumentieren   62
      3.4.1   Voreiliges Generalisieren   62
      3.4.2   Unpassende Erklärungen   62
      3.4.3   Irrelevante Schlussfolgerungen   63
      3.4.4   Fehler durch Vernachlässigung von Informationen   63
      3.4.5   Verstoß gegen Regeln der Wahrscheinlichkeitstheorie   64
      3.4.6   Kausale Trugschlüsse   64
      3.4.7   Analogiefehler   65

3.5   Aufgaben zu induktiven Methoden   67

3.6   Lösungen zum induktiven Argumentieren   72
      3.6.1   Aufgabengruppe K   72
      3.6.2   Aufgabengruppe L   74
      3.6.3   Aufgabengruppe M   75
      3.6.4   Aufgabengruppe N   76
      3.6.5   Aufgabengruppe O   78
      3.6.6   Aufgabengruppe P   79

4 Wertende Argumentation 81

4.1 Eine Hierarchie der Werte 83

4.2 Hilfen zur Bestimmung des Werts von Handlungen und Zielen 85
    4.2.1 Das „Ben Franklin System" 86
    4.2.2 Systematisierung wertbezogenen Urteilens 87

4.3 Moralische Urteile und Kritik 90

4.4 Aufgaben zur Beurteilung wertender Aussagen 93

4.5 Lösungshinweise 96
    4.5.1 Aufgabengruppe Q 96
    4.5.2 Aufgabengruppe R 96
    4.5.3 Lösungshinweise zu Aufgabe S 97
    4.5.4 Lösungshinweise zu Aufgabe T 98
    4.5.5 Lösungshinweise zu Aufgabe U 100

5 Analyse problematischer Aussagen 101

5.1 Formen problematischer Argumentationen 102
    5.1.1 Persönliche Angriffe 102
    5.1.2 Scheinargumente 103
    5.1.3 Extreme Forderungen 104

5.2 Grundsätze, um problematischen Aussagen zu begegnen 105

5.3 Aufgaben zum Analysieren problematischer Argumentation 108

5.4 Lösungen und Lösungshinweise 116
    5.4.1 Lösungen von Aufgabengruppe W 116
    5.4.2 Lösungen von Aufgabengruppe X 116
    5.4.3 Lösungsvorschläge für Aufgabe Y 117
    5.4.4 Lösungshinweise zu Aufgabengruppe Z 117

Literatur 123

Vorwort

Das vorliegende propädeutische Übungsbuch ist aus einem Seminar des Studiengangs *Master of Education* im Sommersemester 2013 an der Universität Bremen hervorgegangen. An seiner Erstellung war eine stattliche Reihe von Studierenden beteiligt. Deren Beiträge wurden für das Lehr- und Studienbuch inhaltlich und stilistisch überarbeitet und in eine übersichtliche Buchform gebracht. Wir danken an dieser Stelle allen Studierenden, die am Übungsbuch engagiert mitgewirkt haben. Ohne sie wäre es nicht möglich gewesen, ein inhaltlich differenziertes und schulpraktisch nutzbares Werk zu erstellen.

Die nachfolgenden Texte und Übungen (mit Lösungen und Lösungsvorschlägen) richten sich einerseits an Studierende aller Fachrichtungen, die ihr kritisch-analytisches Denken und ihre argumentative Kompetenz stärken möchten, um sich mit grundlegenden Anforderungen im Studium und „Wissenschaftsbetrieb" auseinanderzusetzen. Andererseits wendet sich die Publikation an Lehrpersonen, die ihre Schülerinnen und Schüler der gymnasialen Oberstufe in wissenschaftliches Denken einführen und auf Herausforderungen des Studiums vorbereiten möchten.

Die vier Hauptkapitel des propädeutischen Übungsbuchs sind vergleichbar aufgebaut, was die Orientierung auch bei selektiver Lektüre erleichtert. Die Kapitel beginnen jeweils mit einer kurzen Einführung in die Thematik. Die Texte sind entsprechend ihrer Zielsetzung so verfasst, dass sie von philosophischen Laien verstanden und verwendet werden können. An die Einführungen schließen sich jeweils Aufgaben an, in denen die thematisierten Methoden erprobt und eingeübt werden können. Für alle Aufgaben werden im Anschluss an die Aufgaben Lösungen und Lösungsvorschläge präsentiert. Die Lösungsteile stellen in der einschlägigen Literatur zum Thema eine Rarität dar. Sie bieten den besonderen Vorteil der Rückmeldung beim Selbstlernen, erleichtern Lehrkräften aber auch die Unterrichtsvorbereitung. Auch wenn die Lösungsseiten nicht immer verbindliche Lösungen enthalten können (das gilt zumindest für die Kapitel 4 und 5), vermitteln sie doch verlässliche und möglichst konkrete Anhaltspunkte und Perspektiven für ein möglichst vernunftgeleitetes, kritisch-analytisches Denken und Argumentieren.

Um die Gliederung im Übungsbuch kapitelübergreifend und übersichtlich zu gestalten, wurden Aufgaben und Lösungen von A bis Z durchnummeriert. Unteraufgaben erhalten nach einem Punkt hinter den Versalien eine Nummer. Um Verwechslungen auszuschließen, wurden die Versalien J und V ausgelassen.

Bremen, 2015   Paul Walter   Petra Wenzl

Einführung

Intuitiv gilt uns kritisch-analytisches Denken und vernünftiges Argumentieren als eine kulturelle Errungenschaft. Wir müssen unsere kritischen und argumentativen Kompetenzen einsetzen, wenn ein Sachverhalt strittig ist, wenn also für uns selbst oder für verschiedene Personen die Geltung, Richtigkeit oder Wahrheit einer Aussage nicht evident ist. Dass die Erde um die Sonne kreist und nicht umgekehrt, ist dagegen für uns ein schlichtes Faktum und keine strittige Frage mehr, über die räsoniert werden müsste (das war bekanntlich nicht immer der Fall, nämlich mindestens solange noch keine beweiskräftigen astronomischen Erkenntnisse vorlagen).

Mit dem vernunftgeleiteten Denken – sofern es nicht machtorientiert missbraucht wird – steht uns eine zivilisierte Form der Auseinandersetzung über strittige Sachverhalte zur Verfügung. Wenn wir im Alltag darüber debattieren, ob beispielsweise die öffentliche Infrastruktur ausreichend gepflegt wird, so gebrauchen wir dabei mehr oder weniger geeignete und überzeugende Argumente und nicht etwa tödliche Waffen. Leider kann man sich nicht immer aufgrund vorgebrachter Argumente auf eine Position einigen oder einen Kompromiss finden. Insofern sind der Wirksamkeit von vernunftgeleiteten Auseinandersetzungen faktische Grenzen gesetzt. Kulturell akzeptable Alternativen zum vernunftgeleiteten Denken gibt es dennoch nicht.

Die Aufgaben und Vorzüge des kritischen, vernunftgeleiteten Denkens und Argumentierens liegen indessen auf der Hand und fließen etwa in gängige Definitionen von *„Argumentation"* ein. Nach Kopperschmidt (1989, S. 5) „wird unter ‚Argumentation' eine spezifische Form sprachlicher Kommunikation (Diskurs) verstanden, die der expliziten Herstellung eines rational motivierten Einverständnisses (Konsens) dient." Ähnlich sieht es Zarefsky (2014, S. 28), der dem Argumentieren die Rechtfertigung (justification) von Behauptungen (claims) unter der Bedingung von Unsicherheit aufgibt.

Wie es sich in den genannten Definitionsversuchen andeutet, ist der kritische Diskurs eine Errungenschaft, die zur *„condition humaine"* zu gehören scheint und dementsprechend auch ein viel bedachter Gegenstand philosophischer und wissenschaftlicher Anstrengungen ist und war. Unter den Termini *„Logik"* und *„Rhetorik"* ist das Beschäftigen mit Denkmethoden mindestens seit Aristoteles bis heute verbreitet. Verbindungen bestehen auch zu modernen Disziplinen wie z. B. der Psychologie des Denkens und Problemlösens. Diese lange Tradition der Beschäftigung belegt die Bedeutung des Themas, erschwert allerdings auch eine umfassende theoretische Würdigung und Berücksichtigung im Rahmen einer praktisch-pädagogisch intendierten Einführung. Das Übungsbuch konzentriert sich deshalb auf wichtige Kernpunkte.

Grundsätzlich, so viel sei hier nur ausgeführt, kann man sich dem Thema kritisch-analytischen Denkens und vernünftigen Argumentierens von zwei Richtungen, von der Logik und der Rhetorik her nähern. So betont die Rhetorik den kommunikativen Aspekt des Argumentierens, bei dem es um das Überzeugen eines realen Gegenüber oder eines nur vorgestellten, potenziellen Publikums geht (etwa bei politischen Reden oder bei Zeitungskolumnen). Die Rhetorik berücksichtigt neben dem Aufbau von Aussagen und Begründungen auch deren kommunikative und situative Begleitumstände. Die in der Rhetorik angenommene Kontextabhängigkeit und (dadurch beeinflusste unterschiedliche) Überzeugungskraft von Argumentationen birgt ein Folgeproblem in sich: Wenn ein universeller Maßstab für die Vernünftigkeit von Argumentationen fehlt, kann ein Relativismus oder eine Beliebigkeit gegenüber dem Inhalt von Argumenten entstehen. Eine Schwierigkeit für die Rhetorik besteht dann darin, angemessene Kriterien zu finden, um beispielsweise für uns offensichtlich krude und verbrecherische nationalsozialistische Pseudo-Argumentationen als solche zu kennzeichnen und ihnen die Seriosität abzusprechen, wenngleich sie bei Millionen Bürgern auf Zustimmung stießen (Zarefsky 2014, S. 17). Die beiden zitierten Autoren (Kopperschmidt, Zarefsky) können im Übrigen der rhetorischen Richtung zugeordnet werden.

Der (formalen) Logik geht es dagegen um eine Analyse der Wahrheitsbedingungen von Aussagen und Argumentationen, unter Absehen ihrer lebenspraktischen Bedeutsamkeit. Das Anwendungs- und Entwicklungsfeld der Logik ist heute eng mit der Mathematik verbunden. Ein großer Vorteil der logischen Herangehensweise liegt in der Konzentration auf die ‚Anatomie' von Aussagen, wodurch die herkömmliche Sprache – unabhängig von situativen und institutionellen Gegebenheiten und von Bereitschaften von Sprecher und Publikum – auf formale Korrektheit überprüft werden kann. Der Vorteil bringt gleichzeitig auch einen Nachteil der formalen Logik mit sich, dass nämlich von alltäglichen, praktischen Anwendungsfällen des Sprechens und Argumentierens abgesehen wird.

Alltagssprachliche Aussagen lassen sich mit den Mitteln der formalen Logik nur unzureichend beurteilen. Ob etwa die Argumentation eines Strafverteidigers angemessen ist, hängt nicht allein von der Logizität seiner Argumente, sondern auch vom situativen und vom rechtlichen Kontext ab (seine Argumente müssen klar vorgetragen werden, um das Gericht zu überzeugen; im bestehenden Rechtssystem hat ein Verteidiger nicht die Unschuld seines Mandanten zu beweisen, sondern „nur" die Annahme von dessen Schuld zu widerlegen bzw. wirksam zu bezweifeln). Hinzu kommt, dass die formale Logik als Wissenschaftsgebiet für den Anwender eine beinahe unüberschaubar gewordene wissenschaftliche Ausdifferenzierung erfahren hat. Wenn man sich mit der Logizität von praktischen Argumentationen befasst, muss sie deshalb um Methoden der sog. *informellen Logik* erweitert werden, um zur rationalen, wenngleich weniger sicheren Beurteilung von Aussagen und Argumenten zu gelangen.

In den USA wird dieser informellen Logik unter der Bezeichnung *„critical thinking"* oder *„critical analytical thinking"* Rechnung getragen. Die Förderung dieser Kompetenzen wurde in den USA bereits in den 1990er Jahren zum „nationalen Bildungsziel" erklärt (Halpern 1998). „Critical thinking" wird fachspezifisch oder fächerübergreifend in tertiären Ausbildungsphasen zu Beginn der College-Phase gelehrt. Ennis (2011) versteht – wie viele anderen Autoren auch – unter „critical thinking" ein vernünftiges und reflektiertes Denken, das zu Entscheidungen darüber führt, was von einer Sache zu halten ist oder was zu tun ist (im Original: „Critical thinking is reasonable and reflective thinking focused on deciding what to believe and what to do"). Dieser Definition ist zu entnehmen, dass es einem so verstandenen kritischen Denken um durchaus praktisch relevante Handlungsentscheidungen geht, die andererseits unter dem Vorzeichen von Vernunft („reasonable") und reiflicher Überlegung („reflective") getroffen werden. Damit hebt sich „critical thinking" ab von einer unzureichenden, „trivialen" Kritik um der Kritik willen, wie sie gelegentlich von pädagogischer Seite beklagt wird (Masschelein 2003).

Bei der Gliederung und den Inhalten des Übungsbuches mussten wir uns beschränken. Wir haben uns an ein bewährtes Muster gehalten. Wir nehmen als Ausgangspunkt formale Argumentationsmuster, wie sie in der Logik behandelt werden, die – wie erwähnt – jedoch für das praktische, alltägliche Argumentieren und Entscheiden nicht ausreichen und ergänzt werden müssen. Dabei orientiert sich das Übungsbuch an bewährten amerikanischen Verlagen aus dem College-Bereich. Anregungen für die Texte und für die Konzeption der Aufgaben konnten vor allem dem *The Critical Thinking Handbook* von A. K. Biermann und R. N. Assali (1995) sowie dem Lehr- und Übungsbuch *Critical Thinking* von R. H. Ennis (1996) entnommen werden, beides umfangreiche Werke, die nichts an Aktualität eingebüßt haben und sich für eine ergänzende und vertiefende Lektüre eignen.

Wir behandeln deshalb in den nachfolgenden Kapiteln die folgenden Denkmuster, die auch den praktischen Aufgabenstellungen und Herausforderungen des (wissenschaftsbezogenen) Alltags Rechnung tragen. Im Einzelnen haben wir folgenden Aufbau des Buches gewählt:

- Zunächst erfolgt eine Einführung in *deduktive Denkmethoden* (2. Kapitel). Hier werden die logischen Schlussweisen und die damit verbundenen Fallstricke behandelt.
- In 3. Kapitel werden *induktive Methoden* vorgestellt, die die Unsicherheit von Folgerungen und Entscheidungen in faktischen Angelegenheiten – etwa bei der Erkenntnisgewinnung in den empirischen Wissenschaften – berücksichtigen.
- Anschließend beschäftigt sich das 4. Kapitel mit dem Sachverhalt, dass unsere Aussagen und Argumentationen in der Regel ausdrücklich oder unausgesprochen *wertende Urteile* enthalten. Ziel des Kapitels ist es, aufzuzeigen, dass trotz der damit verbundenen Perspektivität ein vernünftiges Vorgehen möglich und erstrebenswert ist.
- Im letzten Teil (5. Kapitel) wenden wir uns dem Problem gewollt und ungewollt unfairer Debatten und Argumente zu. Es sollen die Aufmerksamkeit auf derartige Vorgehensweisen gelenkt und analytische Hilfen zur Vermeidung und Kritik solcher *problematischer Argumentationsstrategien* gegeben werden. Dabei kann und soll auch gelernt werden, vernünftiges Denken und Argumentieren inhaltsloser, bloß taktisch eingesetzter Rhetorik vorzuziehen.

Diesen Aufbau des Übungsbuches haben wir gewählt, weil es uns in erster Linie darum ging, ein Verständnis für vernünftiges Denken und Argumentieren zu vermitteln und so analytische Werkzeuge für die Beurteilung von Aussagen und Denkweisen bereitzustellen. Unsere Orientierung an der Logizität des Denkens und Argumentierens ist auch mit bekannten Modellvorstellungen aus der Psychologie kompatibel, die die Entwicklung des Urteilens und Wertens bei Heranwachsenden zum Gegenstand haben. Sowohl im Ansatz Kohlbergs (1976) und in seinen Adaptionen als auch bei King und Kitchener (1994) wird die Entwicklung des moralischen bzw. reflektierten Urteilens stufenförmig konzipiert und von der sich allmählich anbahnenden Fähigkeit zum logischen Denken abhängig gedacht. Bei der Verwendung des Übungsbuches im schulischen Kontext kann es empfehlenswert sein, entwicklungspsychologisch bedingte Beschränkungen und Unvollkommenheiten beim Urteilen und Argumentieren zu beachten. Der Monographie von King und Kitchener könnten hierfür aufschlussreiche Hinweise zu entnehmen sein.

Deduktive Methoden 2

Mit deduktiven Methoden beschäftigt sich traditionell die Logik als Teilgebiet der Philosophie (Löffler 2008). Die Beschäftigung mit Logik reicht bis Aristoteles zurück und spielt bis heute eine wichtige Rolle in Philosophie, Mathematik und technischen Anwendungsgebieten. Entsprechend vielfältig sind inzwischen die Themen, Konventionen und behandelten Probleme auf dem Gebiet der Logik.

Deshalb kann hier weder der Anspruch erhoben werden, einen einigermaßen verständlichen Überblick über die deduktiven Methoden zu geben, noch in dieses Gebiet umfassend einzuführen. Vielmehr sollen einige grundlegende Prinzipien deduktiver Logik vermittelt und eingeübt werden, die einen vernünftigen Umgang mit Argumenten und Folgerungen im alltäglichen Leben und insbesondere in schulischen Kontexten ermöglichen – unabhängig vom jeweiligen Fach und den dort behandelten Fakten und Sachverhalten.

Logisches bzw. deduktives Schließen setzt stets Prämissen voraus. Deduktive Argumente werden häufig in Form von Syllogismen dargestellt. Nach Regeln der klassischen Logik werden insgesamt 24 Modi gültiger Schlussfolgerungen bzw. Konklusionen unterschieden. Folgt man diesen Schluss-Modi bei deduktiven Argumenten, folgt aus den gegebenen Prämissen zwingend eine gültige Konklusion. Wie man sehen wird, garantieren dagegen die Prämissen bei den induktiven Argumenten die Gültigkeit der Konklusion (die Verallgemeinerung aus Einzelfällen) nicht.

Zu beachten ist weiterhin, dass in der alltäglich verwendeten Sprache Prämissen und Konklusion oft nur schwer zu unterscheiden sind. Prämissen können jedoch mitunter durch sprachliche Indikatoren erkannt werden, etwa durch Wörter wie „weil", „ja", „doch", „alle", „ in Anbetracht der Tatsache, dass". Indikatoren für Konklusionen sind dagegen Wörter wie „folglich", „deshalb", „also", „daraus folgt", „kann es gar nicht anders sein, als" (Ennis 1996, S. 19; Löffler 2008, S. 48). Häufig müssen Prädikate oder ganze Aussagen und Aussagenverknüpfungen so verändert werden, dass eine Prüfung der Gültigkeit der gemachten Konklusionen möglich wird. Zur Erleichterung dieser Prüfung gibt es Formen der Veranschaulichung und formale Darstellungsweisen, worüber der nächste Abschnitt informiert.

2.1 Hilfsmittel zur Darstellung und Prüfung von deduktiven Aussagen

Um deduktive Folgerungen unabhängig von dem konkreten Thema in vergleichbarer Weise darzustellen und um so die Gültigkeit von deduktiven Argumenten leichter zu prüfen, kann man auf unterschiedliche Veranschaulichungsformen oder Formalisierungen zurückgreifen. Welche Methode in Frage kommt, hängt von der Art des jeweiligen deduktiven Problems ab. Die sogenannte Klassenlogik untersucht die Bildung von Klassen (Mengen) durch ihre Elemente und beschäftigt sich mit bekannten klassischen Syllogismen. Zur Veranschaulichung der Zusammenhänge zwischen Elementen und Klassen bieten sich Euler- oder Venn-Diagramme an. Je differenzierter und diffiziler die logischen Probleme werden, desto eher eignen sich symbolische Formen, um ein deduktives Problem darzustellen und zu analysieren.

2.1.1 Euler-Diagramme

Mit Euler-Diagrammen lassen sich die Beziehungen zwischen Mengen veranschaulichen, die als Kreise dargestellt werden (vgl. Ennis 1996, S. 94 ff.) Zum Beispiel wird die 1. Prämisse eines Syllogismus „Häuser sind Bauwerke" wie in Abb. 2.1 dargestellt. Der große Kreis stellt die Menge aller „Bauwerke" dar. Der innere Kreis die Menge aller „Häuser". Der Kreis, der die Menge der Häuser darstellt, befindet sich im Innern des Kreises, der die Menge der Bauwerke darstellt. Danach sind folglich alle Häuser auch Bauwerke.

Abbildung 2.1 Erste Prämisse eines Syllogismus als Euler-Diagramm

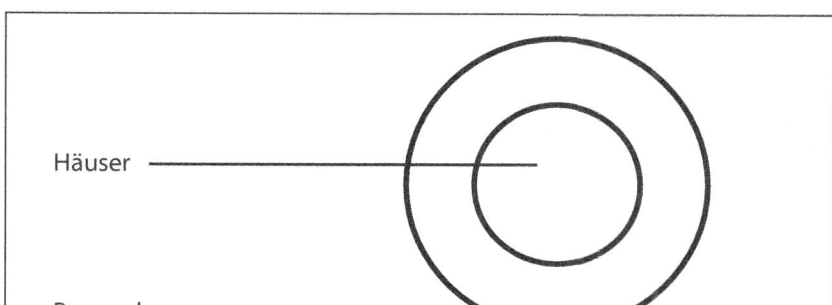

Quelle: Ennis 1996, S. 94

In Abb. 2.2 ist das Euler-Diagramm durch die zweite Prämisse „Bauwerke sind Konstruktionen" erweitert worden. Die Konklusion „Häuser sind Konstruktionen" kann anhand des erstellten Diagramms überprüft werden. Aus dem Diagramm geht hervor, dass die Menge der Häuser auch in der Menge der Konstruktionen enthalten ist. Die Konklusion ist demnach wahr und der Syllogismus valide.

Abbildung 2.2 Erste und zweite Prämisse eines Syllogismus

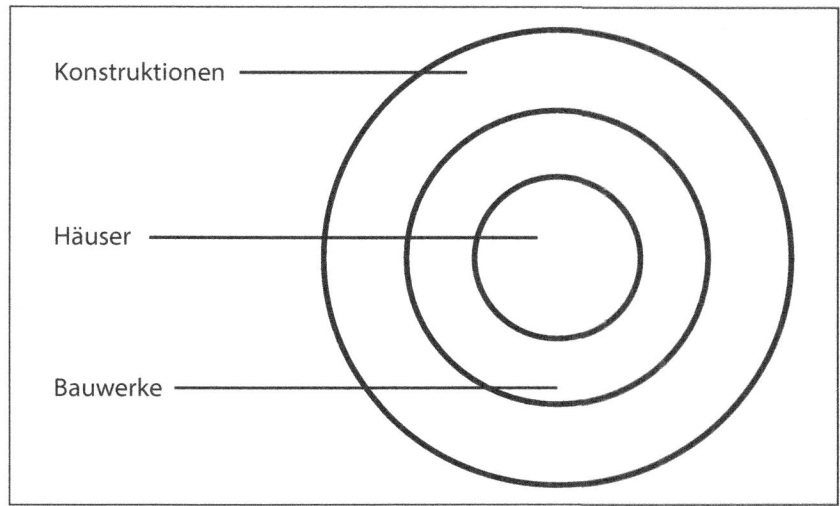

Quelle: Ennis 1996, S. 95

Abb. 2.3 veranschaulicht einen ungültigen (invaliden) Syllogismus. Hier lautet die
erste Prämisse „Häuser sind Bauwerke", die zweite Prämisse „Heimstätten sind
Bauwerke" und die Konklusion „Häuser sind Heimstätten". Überträgt man die
beiden Prämissen in das Euler-Diagramm, wird nicht klar, ob sich die Menge der
Häuser auch in der Menge der Heimstätten befindet oder nicht. Es kann also nicht
gesagt werden, ob die Konklusion wahr oder nicht wahr ist. Somit ist der Syllogismus invalide.

Abbildung 2.3   Euler-Diagramm eines invaliden Syllogismus

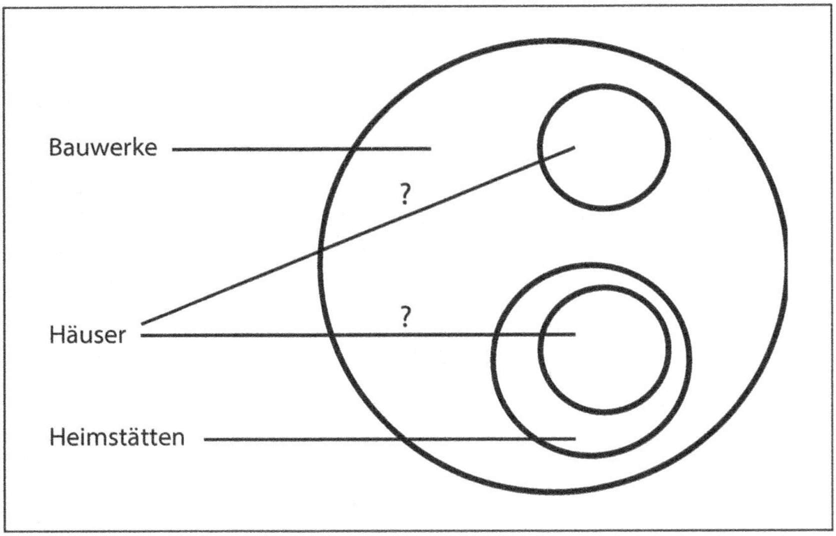

Quelle: Ennis 1996, S. 96

2.1.2 Venn-Diagramme

Venn-Diagramme stellen gegenüber den Euler-Diagrammen eine weiter entwi-
ckelte graphische Methode dar, um ebenfalls Syllogismen zu veranschaulichen
und deren Validität zu überprüfen, also ob Prämissen und Konklusionen gemeinsam wahr sein können oder ob sie sich widersprechen. Überschneidungen zeigen
dabei Zusammenhänge der thematisierten Mengen auf.
    Ein Venn-Diagramm besteht meistens aus zwei oder drei sich überlappenden
Kreisen. Zwar gibt es auch Venn-Diagramme, die sich mehrerer Prädikate bedienen, und daher mehr als drei Kreise erfordern. Die Darstellung wird dann kom-

plizierter und verliert an Anschaulichkeit, weshalb hier nicht darauf eingegangen werden wird. Schraffierte Flächen in einem Venn-Diagramm dienen herkömmlicherweise zum Kennzeichnen negativer Existenzaussagen, also von Eigenschaftskombinationen, die laut der Prämissen keine Menge enthalten. In den Schnittbereichen zweier Mengen werden gemeinsame Zugehörigkeiten festgestellt, indem diese Überschneidungsbereiche nicht schraffiert werden. Das heißt, in dieser Menge gibt es mindestens ein Individuum, das die Prämisse erfüllt (vgl. Löffler 2008, S. 154).

Löffler gibt in seiner „Einführung in die Logik" (2008) eine genaue Anleitung anhand eines Beispiels. In dem ersten Schritt sollen alle beteiligten Prädikate eines Venn-Diagramms aufgestellt werden. Prädikate bestehen aus mehreren Wörtern der Prämissen und der Konklusion. Diese müssen in positive oder negative Existenzaussagen umgewandelt werden, denn nur Existenz oder Nicht-Existenz kann visuell als schraffiert oder nicht-schraffiert eingetragen werden.

Zur Erstellung eines Venn-Diagramms sollten umgangssprachlich formulierte Aussagen in eine syllogistische Form transformiert werden. Diese besteht in der Regel aus zwei Prämissen und einer Konklusion. Im zweiten Schritt werden drei sich überschneidende Kreise gezeichnet, die jeweils den Ober-, Mittel- und Unterterm des Syllogismus (mit den entsprechenden Prädikaten) symbolisieren. Zur Prüfung der Validität des Syllogismus werden die Aussagen der Prämissen im Diagramm eingezeichnet (Schraffur oder Nicht-Schraffur).

Anleitung zur Erstellung eines Venn-Diagramms (Löffler 2008, S. 155):

1) Venn-Diagramm für beteiligte Prädikate anlegen;
2) Umformung von Prämissen und negierten Konklusionen in (bejahte oder verneinte) Existenzaussagen;
3) Eintragung negativer Existenzaussagen als Schraffuren.
4) Ergeben sich Widersprüche zwischen dem aus den Prämissen gebildeten Venn-Diagramm und der formulierten Konklusion, ist das Argument prädikatenlogisch ungültig.

Für das folgende Beispiel eines invaliden Arguments (vgl. Bierman und Assali (1996, S. 54 f.) wurden zunächst „Vögel", „Säugetiere" und „Reptilien" als die drei Prädikate bestimmt und für jedes Prädikat ein Kreis gezeichnet. Die Überschneidung der Kreise ergibt jeweils eine Teilmenge (siehe Abb. 2.4):

1. Prämisse: Keine Säugetiere sind Reptilien
2. Prämisse: Keine Reptilien sind Vögel
3. Konklusion: Daher sind keine Säugetiere Vögel.

Abbildung 2.4   Beispiel eines Venn-Diagramms

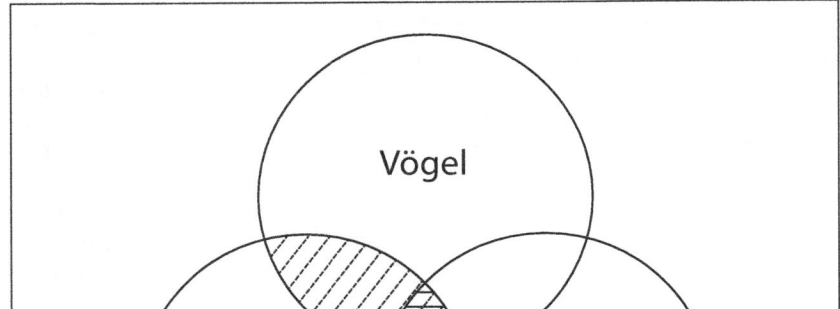

Quelle: Bierman/Assali 1996, S. 55

Der nächste Schritt besteht darin, die Teilmengen der negativen Existenzaussagen
zu schraffieren. Laut der ersten Prämisse gibt es keine gemeinsame Teilmenge von
Säugetieren und Reptilien. Daher wird die Schnittmenge der Kreise mit dem Prädikaten „Säugetiere" und „Reptilien" schraffiert. Die zweite Prämisse besagt, dass
es keine gemeinsame Teilmenge von Reptilien und Vögeln gibt. Daher wird auch
ihre gemeinsame Teilmenge durch Schraffur markiert. Die Konklusion, dass Säugetiere und Vögel keine gemeinsame Teilmenge haben, lässt sich nicht aus den
gegeben Prämissen folgern. Folglich muss dieses Argument als invalide gelten.
Erkennbar wird dies im Diagramm, welches noch immer eine existierende Teilmenge von Vögeln und Säugetieren anzeigt.

Werden Inklusionsbeziehungen durch ein Venn-Diagramm veranschaulicht
(z. B. alle Säugetiere sind Wirbeltiere), so wird durch Schraffur gekennzeichnet,
dass kein Element der untergeordneten Kategorie außerhalb der Oberkategorie
existiert (siehe Abb. 2.5).

Abbildung 2.5   Inklusionsbeziehungen im Venn-Diagramm

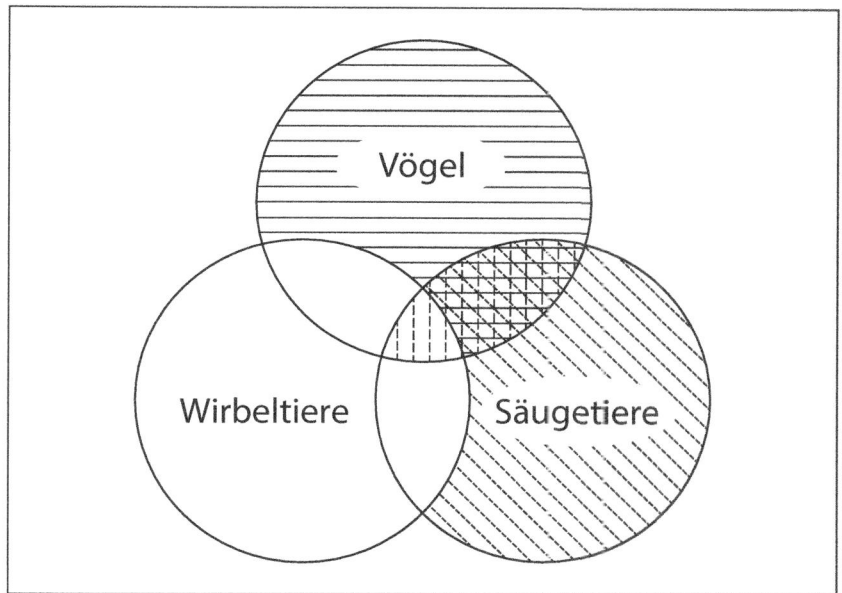

Quelle: Eigene Darstellung

In der Abbildung haben Vögel und Säugetiere keine gemeinsamen Elemente. Alle Vögel und alle Säugetiere wiederum gehören zur Menge der Wirbeltiere. Es gibt keine Vögel oder Säugetiere, die nicht den Wirbeltieren zugehören. Man kann an der Abbildung allerdings erkennen, dass der Nutzen von Venn-Diagrammen bei komplexen Argumenten schwindet.

2.1.3 Formale Darstellung

Um viele logische Probleme etwa in der Philosophie, der Mathematik oder Informatik darzustellen, sind die für alltägliches Argumentieren nützlichen bildlich-graphischen Veranschaulichungen ungeeignet. Das gilt bereits für die propositionale oder Aussagenlogik, in der die Wahrheit von Aussagen (Propositionen, Sätze) untersucht wird. Deshalb stützt man sich international auf die folgenden Symbole. Die Elemente des Arguments, die Propositionen werden durch beliebige Buchstaben repräsentiert. In Tab. 2.1 sind einige wichtige Symbole dargestellt, die zur Kennzeichnung und Verbindung von Aussagen benutzt werden.

Tabelle 2.1   Junktoren in der Aussagenlogik

Symbol	Bedeutung	Bezeichnung
¬	nicht	Negation
∧	und	Konjunktion
∨ (⊻)	oder	Disjunktion (Kontravalenz)
→	wenn …, dann …	Implikation
↔	wenn …, dann und nur dann	Äquivalenz

Quelle: Eigene Darstellung

Ein weitergehendes Mittel zur formalisierten Darstellung der logischen Verknüpfung zweier Aussagen stellen die sog. Wahrheitstafeln dar. In der zweiwertigen Logik (eine Aussage ist entweder falsch oder richtig) geben Wahrheitstafeln die deduktiv abgeleitete Wahrheit der Verknüpfung zweier Aussagen wieder.

Für die beiden per Konjunktion verknüpften Aussagen P und Q sieht die Wahrheitstafel folgendermaßen aus:

Tabelle 2.2   Wahrheitswerte bei der Konjunktion

P	Q	$P \land Q$
W	W	W
W	F	F
F	W	F
F	F	F

Quelle: Eigene Darstellung

Laut Tab. 2.2 müssen bei einer Konjunktion sowohl P als auch Q gegeben sein („wahr" sein), damit $P \land Q$ wahr ist. Wenn für P die Aussage steht, „Hans und Maria waren auf der Party", dann ist diese Aussage nur wahr, wenn sowohl Hans als auch Maria tatsächlich auf der Party waren. Diese Feststellung klingt für uns banal, die Wahrheitsbestimmung wird jedoch rasch schwieriger, wenn Negationen ins Spiel kommen oder wenn verschiedene Feststellungen (Folgerungen) miteinander verknüpft werden.

2.2 Validität und Stichhaltigkeit von deduktiven Argumenten

Bei der deduktiven Argumentation unterscheidet man zwischen validen (gültigen) und invaliden (ungültigen) deduktiven Argumenten (vgl. Bierman und Assali 1996, S. 43). Im Folgenden sind mögliche Formen deduktiver Argumente aufgelistet, wobei die ersten drei Formen valide sind, die letzte vierte Form jedoch invalide ist.

Valide Formen der Argumentation:
1) Das Argument besteht nur aus wahren Prämissen und einer wahren Konklusion (Beispiel siehe Tabelle 2.3).
2) Das Argument besteht entweder aus nur falschen Prämissen oder einigen falschen Prämissen und einer sich daraus ergebenden wahren Konklusion (Beispiel: *Alle Füchse sind Politiker; Willy Brandt war ein Fuchs; folglich war W. Brandt ein Politiker*).
3) Das Argument besteht entweder aus nur falschen Prämissen oder einigen falschen Prämissen und einer falschen (jedoch folgerichtigen) Konklusion (Beispiel: *Alle Füchse sind Reptilien; George W. Bush ist ein Fuchs; folglich ist G. W. Bush ein Reptil*).

Invalide Form der Argumentation:
4) Das Argument besteht nur aus wahren Prämissen und einer falschen Konklusion (siehe Beispiel in Tabelle 2.3).

Bei den Formen valider Argumentation folgt die Konklusion jeweils zwingend aus den Prämissen, d. h. sie ist folgerichtig. Es ist jedoch auch möglich, dass alle Prämissen richtig sind, diese aber zu einer falschen Konklusion führen, da die Konklusion nicht aus den gegebenen Prämissen folgt. Ein solches Argument bezeichnet man als invalide. Prämissen und Konklusionen können nur wahr oder falsch sein; es kann nicht beides zugleich auftreten. Sie können also höchstens *einen* Wahrheitswert beinhalten. Diesen Sachverhalt beschreibt das Konsistenzprinzip (vgl. Strobach, 2011, S. 21).

Zusätzlich wird zwischen valide und stichhaltig oder zutreffend (sound) unterschieden. Ein Argument gilt als stichhaltig, wenn es valide ist und wenn zusätzlich alle Prämissen des Arguments wahr sind (vgl. Strobach, 2011, S. 18).

In Tabelle 2.3 befindet sich jeweils ein Beispiel für ein valides, invalides und stichhaltiges Argument. Das valide Argument erfüllt die oben genannten Kriterien. Die Prämissen und die Konklusion sind falsch, aber in Bezug auf die Prämissen ist die Konklusion folgerichtig, d. h. wahr. Das dargestellte invalide Argument ist dadurch gekennzeichnet, dass die Prämissen wahr sind, die Konklusion jedoch falsch ist – im Beispiel: die Straße könnte auch durch die Straßenreinigung oder andere Faktoren nass werden, die Konklusion folgt somit nicht aus den Prämissen. Beim Beispiel für ein stichhaltiges Argument sind sowohl die Prämissen wahr als auch die Konklusion folgerichtig – das Argument kann damit nicht nur als valide, sondern auch als stichhaltig oder zutreffend (sound) bezeichnet werden.

Tabelle 2.3   Validitätsunterscheidungen bei Argumenten

valide:	*invalide:*	*valide und stichhaltig:*
• P1: Alle Fische sind Fahrräder. • P2: Alle Fahrräder verbrauchen Benzin. • K: Also verbrauchen alle Fische Benzin.	• P1: Wenn es regnet, wird die Straße nass. • P 2: Es regnet nicht. • K: Also wird die Straße nicht nass.	• P1: Ned ist ein Bär. • P2: Alle Bären sind pelzig. • K: Also ist Ned pelzig.

P = Prämisse; K = Konklusion
Quelle: Strobach 2011, S. 15 ff.

2.3   Basale Formen deduktiver Argumentation

2.3.1 Klassenlogik

Bei der Vorstellung der graphischen Veranschaulichungen im vorangehenden Abschnitt wurden Themen der sog. *Klassenlogik* genannt, bei der es um die Prüfung der Zugehörigkeit von Elementen zu Klassen bzw. Mengen geht. Es handelt sich also z. B. um Inklusionsbeziehungen von Kategorien, wie sie in der Biologie vorkommen.

Nach entsprechenden sprachlichen Umformungen lassen sich auch Adjektive in Prädikate bzw. in Prädikatenklassen umformen, zu anderen Prädikaten in Beziehung setzen und auf ihre Validität prüfen.

Ennis (1996, S. 100 f.) verdeutlicht dieses Prinzip an einem Syllogismus:
1. Alle Mitglieder des Basketballteams sind groß.
2. Juan ist Mitglied des Basketballteams.
3. Also ist Juan groß.

Bevor diese Konklusion in ihrer logischen Form behandelt werden kann, muss aus dem Adjektiv „groß" eine Klasse gebildet werden: „große Menschen". Als Euler-Diagramm sind die entsprechenden Inklusionsbeziehungen in Abb. 2.6 repräsentiert.

Abbildung 2.6 Inklusionsbeziehungen

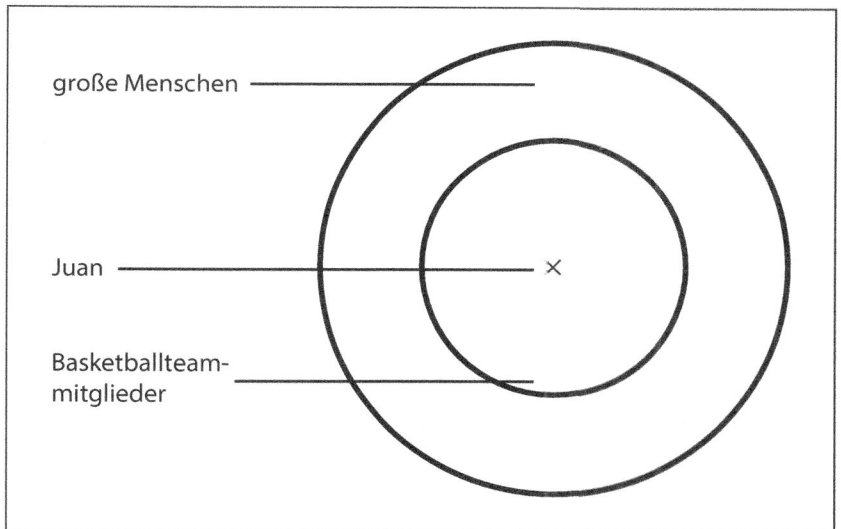

Quelle: Ennis 1996, S. 101

2.3.2 Aussagenlogik

In der *Aussagenlogik* geht es um die Prüfung der Gültigkeit und Wahrheit von Aussagen (Propositionen), wobei die Aussagen (oft Sätze) eine bestimmte Bedeutung besitzen. Die Aussagen müssen also sinnvoll sein, wenn sie bestätigt werden. Eine solche Bedeutung tragende Aussage ist beispielsweise „Waldi ist ein Dackel".

Wenn-Dann-Aussagen (Implikationen), durch die zwei Aussagen verknüpft werden, sind ein häufige Form des aussagenlogischen Argumentierens. Auch hier ist zu beachten, dass in der Alltagssprache nicht selten Implikationen ausgedrückt werden, ohne die beiden genannten Junktoren explizit zu verwenden. Jede Implikation besteht aus zwei Teilen, einer Prämisse und einer Konklusion.

Beispiel:
a) Wenn Waldi ein Dackel ist, dann ist Waldi ein Hund.   *a') P → Q*
b) Waldi ist ein Dackel.   *b') P*
c) Daher ist Waldi ein Hund.   *c') also Q*

Im Beispiel ist „Waldi ist ein Dackel" die Prämisse und „Waldi ist ein Hund" die Konklusion. Die Bedingung (Prämisse) ist mit dem Wort „wenn" eingeführt, die Folgerung kann durch „dann" eingeleitet sein. In der symbolischen Schreibweise ist die erste Aussageform so zu lesen: Wenn P, dann Q.

2.3.2.1 Konjunktion

Bei einer Konjunktion werden zwei Aussagen mit „und" verbunden, symbolisch durch das Zeichen $\wedge$ ausgedrückt. Dadurch werden die Aussagen als eine Einheit betrachtet. Um dies zu verdeutlichen, werden häufig Klammern um diese Einheit gesetzt. In Tabelle 2.4 ist die Überprüfung einer Implikation wiedergegeben, wobei die Prämisse aus einer verbundenen Aussage besteht.

Tabelle 2.4   Beispiel für eine Konjunktion

a) Wenn Parken in dieser Straße verboten ist und Sylvia letzte Nacht hier geparkt hat, dann befindet sich Sylvia in Schwierigkeiten.	a') $(P \wedge Q) \to R$
b) Sylvia befindet sich *nicht* in Schwierigkeiten.	b') $\neg R$
c) Also stimmt die Prämisse nicht.	c') $\neg(P \wedge Q)$

Quelle: Ennis 1996, S. 139, u. eigene Darstellung

In diesem Beispiel wurden die beiden Aussagen P und Q verknüpft. Die Konklusion (R bzw. *Sylvia ist in Schwierigkeiten*) ist nur richtig, wenn beide Teile der Prämisse wahr sind. Da die Konklusion in b) jedoch verneint wurde ($\neg R$ bzw. *es gibt keine Schwierigkeit für Sylvia*), muss die Prämisse falsch gewesen sein (siehe c). Man kann allerdings keine Aussage darüber treffen, ob P, Q oder beide nicht zutrafen, da nur bekannt ist, dass die verbundene Aussage ($P \wedge Q$) falsch ist. Mit anderen Worten: Damit eine Konjunktion aus zwei Aussagen P und Q wahr ist, müssen beide Aussagen wahr sein. Wenn auch nur eine falsch ist, ist die gesamte Konjunktion ($P \wedge Q$) falsch.

2.3.2.2 Disjunktion

Bei einer Disjunktion werden zwei Aussagen mit „oder" ($\vee$) verbunden. Im einfachen Falle der sog. *Adjunktion* genügt es für die Wahrheit der verbundenen Aussage, wenn eine der beiden Ausgangsaussagen wahr ist (wie aus Tabelle 2.5 hervorgeht, ist es hinreichend für die Konklusion, wenn entweder P oder Q zutreffen). Eine Adjunktion ist nur falsch, wenn beide Aussagen falsch sind.

Tabelle 2.5 Beispiel für eine Adjunktion

a) Wenn jemand in Deutschland oder am Rhein wohnt, dann wohnt er auch in Europa.	a') $(P \vee Q) \to R$
b) Johann wohnt in Deutschland.	b') P
c) Johann wohnt in Europa.	c') R

Quelle: Eigene Darstellung

Bei der anderen Form der Disjunktion, der *Kontravalenz,* schließt das Vorliegen der einen Aussage die Wahrheit der mit „oder" ($\underline{\vee}$) verbundenen weiteren Aussage aus (und umgekehrt). Werden zwei Aussagen durch ein ausschließendes „oder" verbunden, kann also entweder die eine Aussage oder die andere Aussage wahr sein (siehe Tabelle 2.6).

Tabelle 2.6 Beispiel für eine Kontravalenz

a. John ist entweder Kanadier oder Mexikaner.	a') $(P \underline{\vee} Q)$
b. John verlängert in der kanadischen Botschaft seine Ausweispapiere.	b') P
c. John kann kein Mexikaner sein.	c') $\neg Q$

Quelle: Eigene Darstellung

Die Verwendung des Wortes „oder" ist nicht immer eindeutig. So ist nicht immer leicht zu entscheiden, ob es sich um ein adjunktives oder um ein exklusives „oder" handelt. Das Beispiel in Tabelle 2.6 verdeutlicht darüber hinaus, dass die Situation, der Kontext mitbetrachtet werden muss, um zwischen Adjunktion und Kontravalenz zu differenzieren. In Tabelle 2.6 wurde angenommen, dass es keine doppelte Staatsangehörigkeit gibt (Kontravalenz). In vielen Staaten ist jedoch eine doppelte Staatsangehörigkeit möglich. Trifft diese Möglichkeit auf Kanada zu, kann man aufgrund des Satzes a) im Beispiel nicht entscheiden, ob es sich um eine Adjunktion oder eine Kontravalenz handelt. In Abbildung 2.7 sind Adjunktion und Kontravalenz zu obigem Beispiel in Form von Venn-Diagrammen dargestellt. Bei der Kontravalenz wird der schraffierte Bereich ausgeschlossen.

Abbildung 2.7   Adjunktion (links) und Kontravalenz (rechts) im Venn-Diagramm

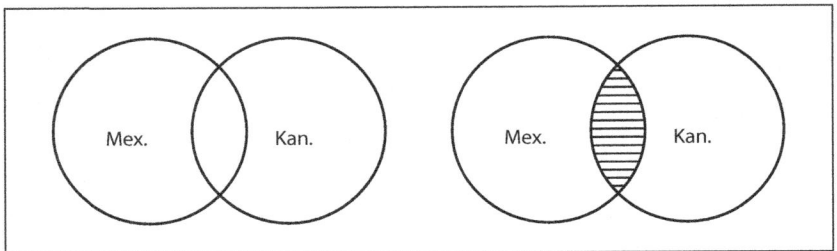

Quelle: Eigene Darstellung

2.3.2.3   Kontraposition und doppelte Verneinung

Wenn man sich nicht sicher ist, ob eine Implikation wahr ist, kann es manchmal helfen, die *Kontraposition* zu bilden oder doppelte Verneinungen aufzuheben (vgl. Ennis 1996, S. 128 ff.). Bei einer Kontraposition werden Bedingung und Folgerung vertauscht und jeweils negiert, wie folgendes Beispiel zeigt.
1. *Wenn Alex eine Katze ist, dann ist Alex ein Tier.*
2. *Wenn Alex kein Tier ist, dann ist Alex keine Katze. (Kontraposition)*

In diesem Beispiel haben die Sätze 1. und 2. dieselbe Bedeutung. Die Kontraposition führt zu einer validen Aussage.
   Wichtig ist, *doppelte Verneinungen* in Aussagen zu erkennen. Manchmal kann die Komplexität der Aussage verringert werden, wenn man die doppelte Verneinung nach der Standardregel aufhebt: „Zwei Negationen ergeben eine positive Aussage" (in der Mathematik: Minus mal Minus ergibt Plus). Außerdem können doppelte Verneinungen zum Validitätstest positiv formulierter Aussagen verwendet werden.

Im folgenden Beispiel haben beide Aussagen, die positiv formulierte und die doppelt verneinte Aussage, dieselbe Bedeutung:

1. *Alex ist eine Katze. [P]*
2. *Es ist falsch zu behaupten, dass Alex keine Katze ist. [¬(¬P)]*

Bei der doppelten Verneinung kann es jedoch zu Fehlschlüssen kommen, da in der natürlichen Sprache Verneinungen Unterschiedliches bedeuten können. Beispielsweise treten Verneinungen in enger Verbindung mit Adjektiven, gewissermaßen als eigenständige Adjektive auf. So muss etwa die Verneinung von „nicht schlecht" nicht „schlecht" bedeuten, wenn man davon ausgeht, dass „nicht schlecht" zwischen „gut" und „schlecht" liegt. Weiterhin wird manchmal in der Umgangssprache eine doppelte Verneinung als Verstärkung der Verneinung verwendet („nimmer nicht").

2.3.2.4 Validität von Folgerungen aus Implikationen

Ennis fasst tabellarisch zusammen, nach welchen Regeln die deduktive Validität bzw. Invalidität von Folgerungen aus Wenn-Dann-Aussagen bestimmt werden kann. Der Wenn-Teil (oder das jeweilige alltagssprachlich formulierte Analogon) heißt *Antezendens,* der Dann-Teil der Implikation *Konsequenz* (vgl. Tabelle 2.8). Die Regeln kann man sich anhand des bereits verwendeten Beispiels verdeutlichen (vgl. Tabelle 2.7).

Tabelle 2.7 Die Rollen von Antezedens und Konsequenz

a. Alle Katzen sind Tiere. Implikation: Wenn Alex eine Katze ist (Antezedens), dann ist Alex ein Tier (Konsequenz).	
b. Wenn man das Antezedens bejaht: Man hat festgestellt, dass Alex eine Katze ist, dann gilt aufgrund der Deduktion aus der Wenn-Dann-Aussage:	*b.' Wenn man dagegen die Konsequenz bejaht: Man stellt fest, dass Alex ein Tier ist, dann ist aufgrund der Wenn-Dann-Aussage:*
c. die Konklusion „Alex ist ein Tier" als valide.	*c.' die Konklusion „Alex ist eine Katze" invalide.*

Quelle: Eigene Darstellung

Analoges lässt sich beispielsweise zur *Konversion,* zur Vertauschung von Antezedens und Konsequenz feststellen. Wird die Implikation

a. Wenn Alex eine Katze ist (Antezedens), dann ist Alex ein Tier (Konsequenz)
umgestellt

a.' Wenn Alex ein Tier ist, dann ist Alex eine Katze
verändert sich die Bedeutung völlig: a' ist keine valide Umformung der Aussage a.

Selbstverständlich muss man sich hier und bei der Deduktion generell vergegenwärtigen, dass im obigen Alex-Beispiel die Aussagen nicht deshalb valide oder invalide werden, weil sie unserem Weltwissen bzw. der biologischen Klassifikation entsprechen oder widersprechen, sondern lediglich aus formalen Gründen. Die Folgerung in a. würde invalide, wenn wir von der Aussage als wahr ausgingen, dass alle Tiere Katzen wären, wenn also a.' als gegeben vorausgesetzt würde. Ennis gibt einen tabellarischen Überblick die Validitätsthematik (vgl. Tab. 2.8).

Tabelle 2.8   Deduktive Validität von Implikationen

Deduktive Validität der Konklusion	Deduktive Invalidität der Konklusion
Bejahung des Antezedens	Verneinung des Antezedens
Verneinung der Konsequenz	Bejahung der Konsequenz
Kontraposition	Konversion (einfache Vertauschung von A. und K.)
Doppelte Verneinung möglich	Doppelte Verneinung führt zu anderer Bedeutung

Quelle: Ennis 1996, S. 132

2.4 Aufgaben zu deduktiven Methoden

Im Folgenden sind Aufgaben wiedergegeben, die auf unterschiedliche Weise deduktives Argumentieren einüben. Die Lösungen bzw. Lösungsvorschläge zu den Aufgaben befinden sich dann im Abschnitt 2.5. Die Aufgaben entstammen teilweise eigenen Überlegungen, zum großen Teil handelt es sich um Übertragungen aus Bierman und Assali (1996) und Ennis (1996). Diesen beiden Monographien können gegebenenfalls weitere Aufgaben entnommen werden.

▻ **A. Untersuche die folgenden Argumente hinsichtlich ihrer Validität und Stichhaltigkeit (Soundness). Kreuze die richtige Antwort an!**
(mehrfaches Ankreuzen pro Aufgabe möglich)

A.1 Wenn Alex eine Katze ist, dann ist Alex ein Tier. Alex ist eine Katze. Also ist Alex ein Tier.
☐ valide
☐ invalide
☐ stichhaltig

A.2 Wale sind große Fische. Alle großen Fische legen Eier. Also legen Wale Eier.
☐ valide
☐ invalide
☐ stichhaltig

A.3 Fische sind Wirbeltiere. Säugetiere sind auch Wirbeltiere. Also sind Fische Säugetiere.
☐ valide
☐ invalide
☐ stichhaltig

A.4. Knud ist ein Bär. Kein Bär ist nicht pelzig. Daher muss Knud ebenfalls pelzig sein.
☐ valide
☐ invalide
☐ stichhaltig

A.5 Keine Vögel können nicht fliegen. Pinguine sind Vögel. Daher können keine Pinguine nicht fliegen.
☐ valide
☐ invalide
☐ stichhaltig

A.6 Keine Fahrzeuge sind hier erlaubt. Motorräder sind Fahrzeuge. Also sind hier keine Motorräder erlaubt.
☐ valide
☐ invalide
☐ stichhaltig

A.7 Alle Fische sind Fahrräder. Alle Fahrräder verbrauchen Benzin. Also verbrauchen alle Fische Benzin.
☐ valide
☐ invalide
☐ stichhaltig

A.8 Bananen haben eine ledrige Schale. Alle Beeren haben eine ledrige Schale. Also sind Bananen Beeren.
☐ valide
☐ invalide
☐ stichhaltig

A.9 Alle Stühle in diesem Raum sind hölzern. Alle hölzernen Gegenstände können brennen. Deshalb können alle Stühle in diesem Raum brennen.
☐ valide
☐ invalide
☐ stichhaltig

A.10 Raoul spielt Fußball. Alle Fußballspieler haben eine gute physische Kondition. Deshalb hat Raoul eine gute physische Kondition.
☐ valide
☐ invalide
☐ stichhaltig

A.11 Justin kann nicht singen. Kein Biber kann singen. Also ist Justin ein Biber.
☐ valide
☐ invalide
☐ stichhaltig

▶ **B. Folgende Aufgaben enthalten invalide Argumente. Prüfe die Argumente und begründe die Aussage!**

B.1 Kein Mensch darf geschlagen werden. Lucy, eine Schimpansin, ist kein Mensch. Also darf Lucy geschlagen werden.

B.2 Alle Krähen sind schwarz. Johann ist schwarz. Also ist Johann eine Krähe.

B.3 Jeder, der in der Stadt Honolulu lebt, lebt auch auf der Insel Oahu. Fred lebt nicht in Honolulu, also lebt er nicht auf der Insel Oahu.

B.4 Alle Atome sind winzig. Der kleinste Bestandteil des Sauerstoffs ist winzig. Daher ist der kleinste Bestandteil von Sauerstoff ein Atom.

B.5 Viele Anfänger haben Schwierigkeiten mit der Logik. Peter ist ein Anfänger. Daher hat auch Peter Schwierigkeiten mit der Logik.

B.6 Bäume sind groß. Tiere sind klein. Also sind Menschen kleiner als Bäume.

B.7 Tim liebt Julia. Julia liebt Arne. Also liebt Tim Arne.

B.8 Lionel Messi ist berühmt. Lionel Messi ist ein Fußballspieler. Also ist Lionel Messi ein berühmter Fußballspieler.

B.9 Vor zwei Wochen waren zwei Hasen in einem Raum. Seitdem hat kein Hase den Raum verlassen. Daher sind jetzt immer noch zwei Hasen in diesem Raum.

B.10 Wenn jemand ein Dieb ist, ist er maskiert. Peter ist maskiert. Also ist Peter ein Dieb.

B.11 Nordkorea besitzt atombombenfähiges Uran. Nordkorea besitzt Bomben. Also verfügt Nordkorea auch über eine Atombombe.

▶ **C. Forme die folgenden invaliden Aussagen so um, dass aus ihnen valide Argumente werden!**

C.1 Alle Schauspieler sind Roboter. Tom Cruise ist ein Roboter. Also ist Tom Cruise ein Schauspieler.

C.2 Hans wurde in den Kopf geschossen. Viele Menschen sind durch Kopfschüsse gestorben. Also ist Hans tot.

C.3 Wenn Nina in Bremen wohnt, dann wohnt Nina in Deutschland. Nina wohnt tatsächlich in Deutschland. Also muss Nina in Bremen wohnen.

C.4 Jeder Student hat einen Laptop. Jeden Tag fahre ich mit dem Zug und hinter mir sitzt eine junge Frau, die mit dem Laptop arbeitet. Ich bin mir sicher, dass sie eine Studentin ist.

C.5 Wenn auf dem Kleinplaneten Pluto Leben existiert, muss er Wasser aufweisen. Aber auf Pluto gibt es kein Leben. Daher gibt es kein Wasser auf Pluto.

C.6 Manche Menschen sind reich. Manche Menschen sind nett. Manche Menschen sind reich und nett.

➤ **D. Erstellung von Venn-Diagrammen: Entnehme die die relevanten Prädikate aus dem Text und übertrage sie in das Venn-Diagramm!**
(Es ist hierbei nicht erforderlich, die Beziehungen zwischen den Prädikaten zu kennzeichnen)

D.1 Jeder Spieler der Fußballmannschaft Werder Bremens trägt stolz das Trikot mit der Raute. Auch Alex trägt das Trikot mit der Raute stolz. Demzufolge muss Alex ein Spieler der Fußballmannschaft Werder Bremens sein.

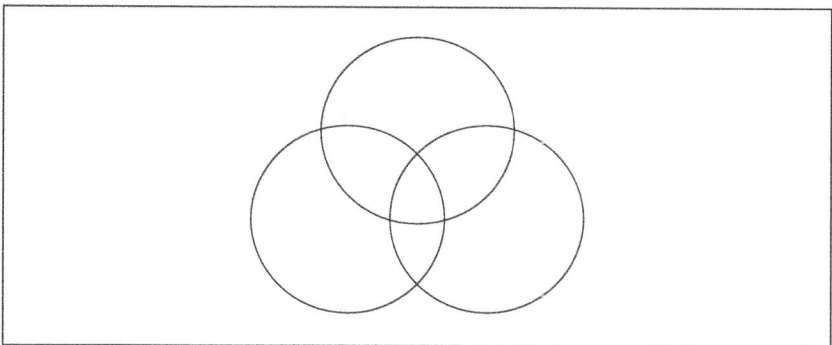

D.2 Rehe gehören zu den Säugetieren. Viele Säugetiere jagen andere Wildtiere, beispielsweise Mäuse. Also müssen auch Rehe Wildjäger sein.

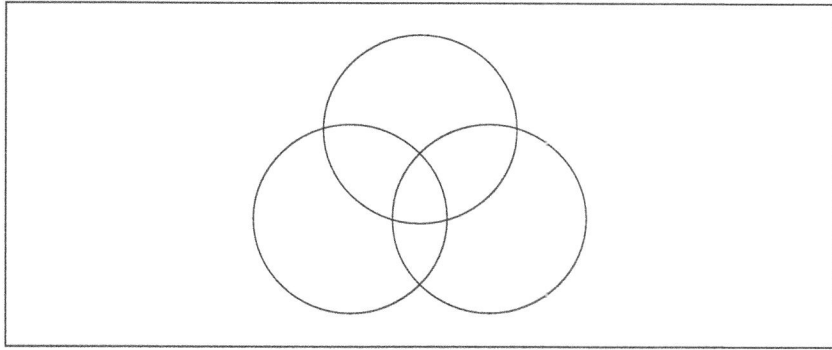

D.3 Alle Menschen sind Säugetiere. Die Autoren dieser Aufgaben sind Menschen. Also sind die Autoren dieser Aufgaben Säugetiere.

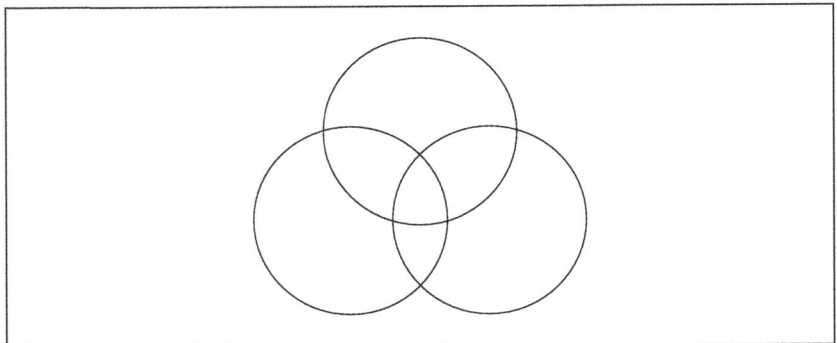

D.4 Wenn alle Tiere die Fähigkeit sinnlicher Wahrnehmung besitzen und Regenwürmer Tiere sind, so besitzen auch alle Regenwürmer die Fähigkeit sinnlicher Wahrnehmung.

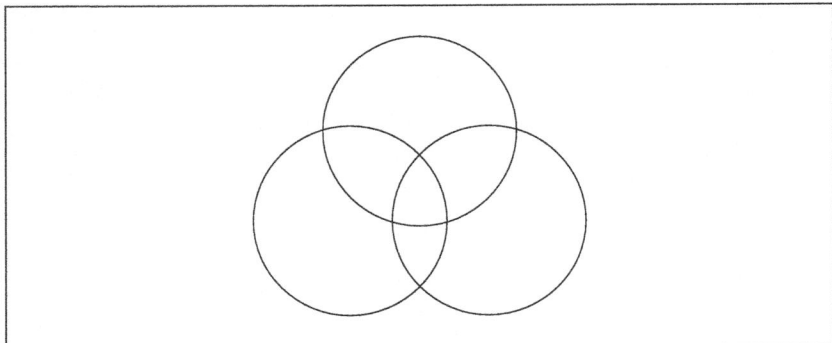

▶   **E. Erstellung von Venn-Diagrammen: Fülle zuerst die Venn-Diagramme auf
    der Grundlage der Informationen aus den Prämissen aus, markiere die ent-
    sprechenden Bereiche und prüfe die Validität und Stichhaltigkeit der Argu-
    mente!**

E.1 Diabetiker weisen ein hohes Gesundheitsrisiko auf. Alle Menschen, die eine
günstige Lebensversicherung abschließen können, weisen kein hohes Gesundheitsrisiko auf. Also können Diabetiker keine günstigen Lebensversicherungen
abschließen.

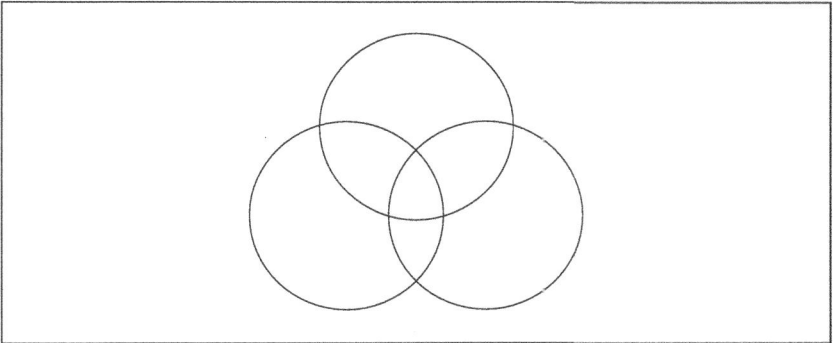

E.2 Jede Software ist heutzutage kopiergeschützt. Was einen wahren wissenschaftlichen Wert hat, kennt jedoch keinen Kopierschutz. Also hat Software keinen wissenschaftlichen Wert.

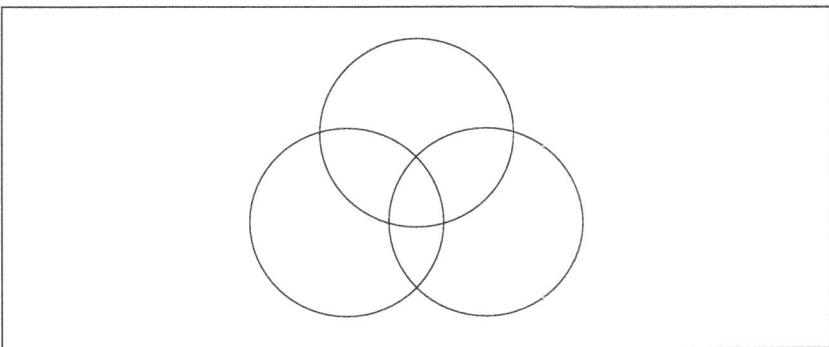

E.3 Alle natürlichen Geschehnisse haben Ursachen. Alle Dinge, die Ursachen haben, sind Gottes Wille. Daher sind alle natürlichen Geschehnisse Gottes Wille.

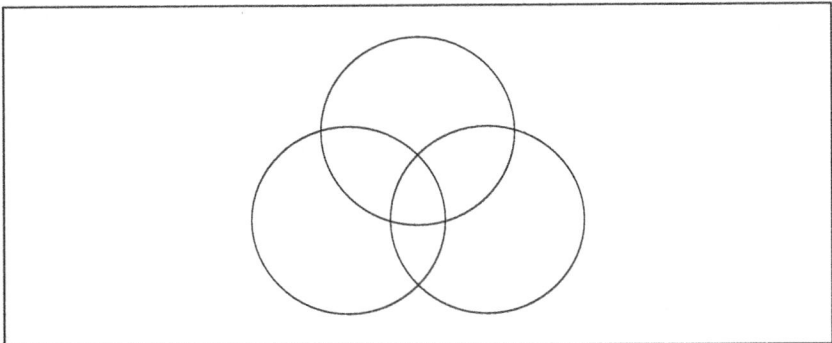

E.4 Alle Theologen haben fundamentalistische Tendenzen. Theologen sind jedoch keine Naturwissenschaftler. Daher haben Naturwissenschaftler keine fundamentalistischen Tendenzen.

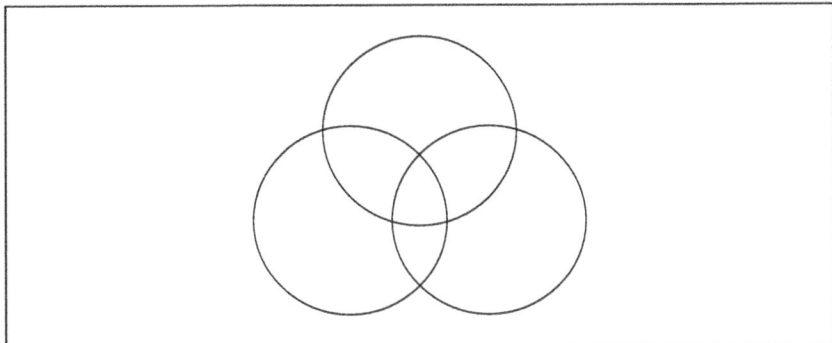

▶ **F. Erstellen von Euler-Diagrammen: Stelle die folgenden Argumente als Euler-Diagramme dar!**

F.1 Es darf kein verbleites Benzin in den Tank eingefüllt werden. Demzufolge darf das Benzin aus diesem Kanister nicht in den Tank gefüllt werden; denn in diesem Kanister befindet sich verbleites Benzin.

F.2 Alle Menschen ab 18 Jahren sind berechtigt, wählen zu gehen. Da Mark 19 Jahre alt ist, darf er demnach wählen gehen.

F.3 Alle Vierecke haben vier Winkel. Die Figur ABCD ist ein Viereck. Demnach muss die Figur ABCD vier Winkel aufweisen.

F.4 Alle Vögel legen Eier. Schnabeltiere legen Eier. Daher müssen sie Vögel sein.

F.5 Widerstandskämpfer denken kritisch. Jonas denkt kritisch über die Verpflichtungen von Werder Bremen für die neue Saison. Somit muss er ein Widerstandskämpfer sein.

▶ **G. Bilde valide Argumente aus den vorgegebenen Euler-Diagrammen!**

G.1

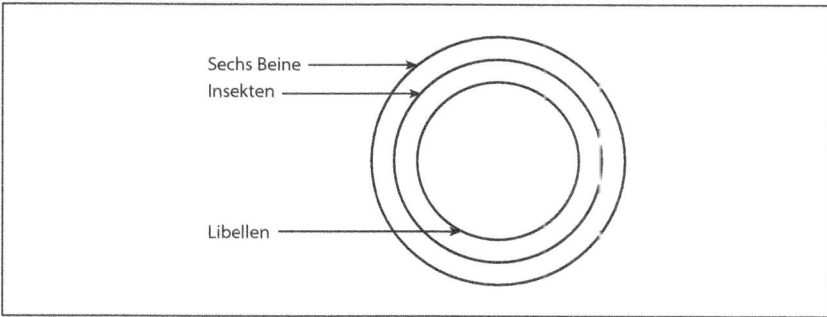

G.2

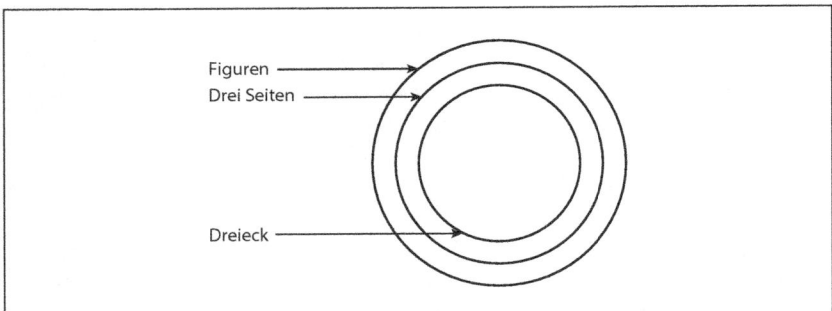

G.3

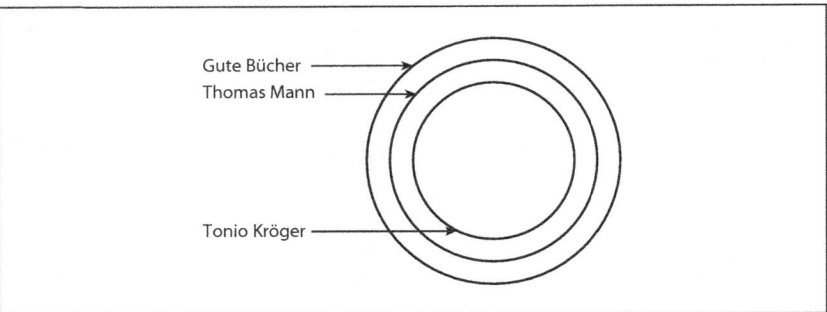

G.4

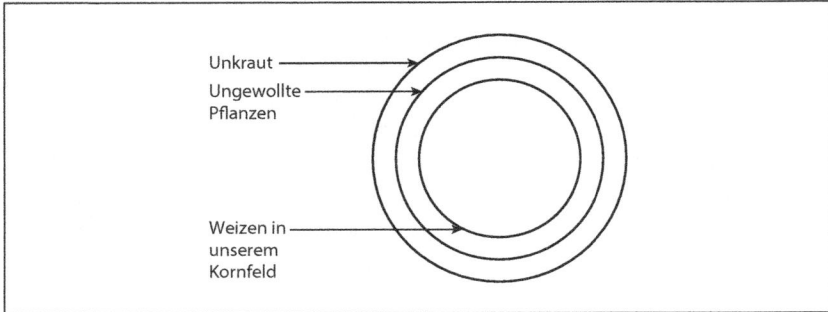

▶ **H. Aufgaben zur Aussagenlogik**

H.1 Nimm zu folgenden Aussagen Stellung und beurteile deren Validität:
a) Wenn Herr Müller alle Zähne hat, dann ist der Apfel angebissen.
b) Der Apfel ist nicht angebissen.
c) Also hat Herr Müller nicht alle Zähne.

H.2 Um welchen Fehler handelt es sich bei der folgenden Implikation?
a) Wenn Markus auf einem Wahlplakat zu sehen ist, dann ist er im Bundestag.
b) Markus ist auf einem Wahlplakat zu sehen.
c) Also ist Markus im Bundestag.

H.3 Ist die folgende Aussage valide? Zu welcher Art von Schlussfolgerung kann das Beispiel gezählt werden?
a) Wenn Angela Merkel Bundeskanzlerin ist, dann ist Angela Merkel nicht in der Opposition.
b) Wenn es falsch ist, dass Angela Merkel nicht in der Opposition ist, dann ist Angela Merkel nicht Bundeskanzlerin.
c) Wenn Angela Merkel in der Opposition ist, dann ist sie nicht Bundeskanzlerin.

H.4 Finde ein Beispiel für eine Kontravalenz (Schlussfolgerung mit exklusivem „oder") aus dem Alltag.
a)
b)
c)

▶ **I. Beurteile, welche der folgenden Schussfolgerungen deduktiv valide sind und welche nicht.**

I.1
a) Wenn Elisabeth hier ist, dann ist Hilde glücklich.
b) Hilde ist glücklich.
c) Also ist Elisabeth hier.

I.2
a) Wenn Markus die Bundeskanzlerin unterstützt, dann ist er konservativ.
b) Markus ist nicht konservativ.
c) Also unterstützt Markus die Bundeskanzlerin nicht.

I.3
a) Wenn Markus die Bundeskanzlerin unterstützt, dann ist er konservativ.
b) Markus ist konservativ.
c) Also unterstützt Markus die Bundeskanzlerin.

I.4
Wenn Carsten in der Schule ist, ist seine Mutter glücklich. Somit ist Carsten nicht in der Schule, wenn seine Mutter unglücklich ist.

I.5
Wenn Michael einen Interessenkonflikt hat, dann kann seiner Zeugenaussage nicht vertraut werden. Wenn Michaels Bruder ein mutmaßlicher Täter ist, dann hat Michael einen Interessenkonflikt. Michaels Bruder ist ein mutmaßlicher Täter. Somit kann Michaels Zeugenaussage nicht vertraut werden.

2.5 Lösungen mit Kommentaren

2.5.1 Aufgabengruppe A

Das Ziel der Aufgabengruppe A besteht in der Differenzierung valider und invalider Argumente. Zudem sollen die Argumente hinsichtlich ihrer Stichhaltigkeit („soundness") untersucht werden. Hierzu werden verschiedene Aussagen angeboten, die auf ihre Validität und Stichhaltigkeit untersucht werden sollen.

Lösung von Aufgabe A.1

Wenn Alex eine Katze ist, dann ist Alex ein Tier. Alex ist eine Katze. Also ist Alex ein Tier.

Lösung:

Dieses Argument ist sowohl valide als auch stichhaltig, solange festgestellt werden kann, dass Alex tatsächlich eine Katze ist. Da alle Katzen den Tieren zugeordnet werden und Alex als Katze bezeichnet wird, muss Alex ein Teil der Menge der Katzen sein. Somit ist das Argument valide.

Die erste Prämisse ist wahr, da Katzen nach biologischen Kriterien Tiere sind. Wenn dann festgestellt wird, dass Alex tatsächlich eine Katze ist, also die Prämissen des Arguments wahr sind, kann das Argument auch als stichhaltig (sound) beurteilt werden.

Lösung von Aufgabe A.2

Wale sind große Fische. Alle großen Fische legen Eier. Also legen Wale Eier.

Lösung:

Dieses Argument ist valide jedoch nicht stichhaltig. Da die Wale der Menge der großen Fische zugeordnet werden und alle großen Fische Eier legen, müssen Wale Eier legen. Aus zwei falschen Prämissen wird eine wahre Konklusion gezogen. Definitionsgemäß ist das Argument daher valide. Gleichzeitig kann es aber nicht stichhaltig sein, da zum einen Wale den Säugetieren zugeordnet werden, zum anderen es große, lebendgebärende Fische gibt.

Lösung von Aufgabe A.3

Fische sind Wirbeltiere. Säugetiere sind auch Wirbeltiere. Also sind Fische Säugetiere.

Lösung:

Bei dieser Aussage handelt es sich um ein invalides Argument. Sowohl Fische als auch Säugetiere sind den Wirbeltieren zuzuordnen. Daraus folgt aber nicht zwingend, dass Fische Säugetiere sind; denn weitere Tiergruppen werden den Wirbeltieren zugeordnet. Hierzu zählen neben den Vögeln Amphibien und Reptilien. Dementsprechend könnten Fische genauso gut Reptilien oder Vögel sein. Die Zuordnung zu den Säugetieren ist somit nicht eindeutig möglich. Damit ist das Argument invalide, und deswegen auch nicht stichhaltig.

Lösung von Aufgabe A.4

Knud ist ein Bär. Kein Bär ist nicht pelzig. Daher muss Knud ebenfalls pelzig sein.

Lösung:

Dieses Argument ist sowohl valide als auch stichhaltig. Da nach der Prämisse keine Bären ohne Pelz existieren und somit alle Bären pelzig sind, muss, sofern die Prämisse zutrifft, dass Knud ein Bär ist, Knud pelzig sein. Somit folgt aus zwei wahren Prämissen eine wahre Konklusion. Daher ist das Argument valide. Da zudem beide Prämissen wahr sind (da Knud der Name eines Bären ist), ist das Argument stichhaltig.

Lösung von Aufgabe A.5

Keine Vögel können nicht fliegen. Pinguine sind Vögel. Daher können keine Pinguine nicht fliegen

Lösung:

Dieses Argument ist valide, aber nicht stichhaltig. Bei diesem Beispiel sollten die Negationen in eine unverneinte Ausdrucksform umgewandelt werden. Demnach steht in Prämisse eins, dass alle Vögel fliegen können. In der Konklusion folgen zwei Negierungen aufeinander, die sich somit aufheben. Demnach lautet die Konklusion, dass Pinguine fliegen können. Das Argument ist valide, da die Pinguine eine Teilmenge der Vögel sind. Somit ergibt sich die Konklusion folgerichtig aus einer wahren und einer falschen Prämisse. Sie ist jedoch nicht stichhaltig, weil es bekannte Vogelarten gibt, die nicht fliegen können. Hierzu zählen neben den Pinguinen auch Strauße und Emus.

Lösung von Aufgabe A.6

Keine Fahrzeuge sind hier erlaubt. Motorräder sind Fahrzeuge. Also sind hier keine Motorräder erlaubt.

Lösung:

Dieses Argument ist sowohl valide als auch stichhaltig. Formuliert man die Negation der ersten Prämisse um, besagt sie, dass die Menge aller Fahrzeuge nicht erlaubt ist. Da Motorräder eine Teilmenge der Fahrzeuge darstellen, sind sie ebenfalls nicht erlaubt. Daher ist das Argument valide. Es ist zudem stichhaltig, da Fahrzeuge nicht erlaubt sind und die Prämissen wahr sind.

Lösung von Aufgabe A.7

Alle Fische sind Fahrräder. Alle Fahrräder verbrauchen Benzin. Also verbrauchen alle Fische Benzin.

Lösung:

Dieses Argument ist valide, jedoch nicht stichhaltig Da die gesamte Menge der Fische der Menge der Fahrräder zugeordnet wird und die Fahrräder zu der Menge der benzinverbrauchenden Objekte gezählt werden, müssen auch die Fische Benzin verbrauchen. Damit ist das Argument valide. Es ist nicht stichhaltig, da kein Fisch ein Fahrrad ist und Fahrräder kein Benzin verbrauchen.

Lösung von Aufgabe A8

Bananen haben eine ledrige Schale. Alle Beeren haben eine ledrige Schale. Also sind Bananen Beeren.

Lösung:

Dieses Argument ist invalide. Zwar haben sowohl Bananen als auch Beeren eine ledrige Schale, jedoch gibt es auch andere Fruchtformen, die eine ledrige Schale aufweisen. Hierzu zählen beispielsweise die Steinfrüchte. Daher könnten Bananen ebenso gut Steinfrüchte sein. Da die Konklusion nicht zweifelsfrei aus den Prämissen gezogen werden kann, ist das Argument invalide. Sie ist wegen der unzulänglichen Verknüpfung der Prämissen auch nicht stichhaltig.

Lösung von Aufgabe A.9

Alle Stühle in diesem Raum sind hölzern. Alle hölzernen Gegenstände können brennen. Deshalb können alle Stühle in diesem Raum brennen.

Lösung:

Dieses Argument ist sowohl valide als auch stichhaltig. Die Gesamtheit der Stühle im Raum stellt eine Teilmenge der hölzernen Gegenstände dar, die brennen können. Da alle Stühle im Raum hölzern sind, können auch alle Stühle brennen, denn sie sind eine Teilmenge der Dinge, die brennen können. Damit ist das Argument valide. Da unter der Voraussetzung, dass tatsächlich alle Stühle im Raum hölzern sind, beide Prämissen wahr sind, ist das Argument stichhaltig.

Lösung von Aufgabe A.10
Raoul spielt Fußball. Alle Fußballspieler haben eine gute physische Kondition. Deshalb hat Raoul eine gute physische Kondition.
Lösung:
Dieses Argument ist valide aber nicht stichhaltig. Da Raoul ein Fußballspieler ist und entsprechend der zweiten Prämisse alle Fußballspieler eine gute physische Kondition haben, ist Raoul eine Teilmenge derjenigen Dinge, die eine gute physische Kondition haben. Damit ist das Argument valide. Da die Prämisse, dass alle Fußballspieler eine gute physische Kondition haben, jedoch nicht wahr sein muss (die Kondition von Fußballspielern unterscheidet sich jedenfalls), kann das Argument nicht stichhaltig sein. Ein Fußballspieler zu Beginn der Vorbereitung auf eine neue Saison oder im Urlaub hat sicher eine schlechtere physische Kondition. Unklar ist hierbei schließlich, ab wann die physische Kondition als gut gilt.

Lösung von Aufgabe A.11
Justin kann nicht singen. Kein Biber kann singen. Also ist Justin ein Biber.
Lösung:
Dieses Argument ist invalide. Zwar besteht die Möglichkeit, dass Justin ein schlechter Sänger ist und dass Biber ebenfalls nicht singen können, jedoch heißt das nicht, dass Justin ein Biber sein muss. Justin ist wie die Biber eine Teilmenge der Dinge, die nicht singen können (beispielsweise Tomaten oder Steine). Da das Argument nicht valide ist, kann es definitionsgemäß nicht stichhaltig sein.

2.5.2 Aufgabengruppe B

In der Aufgabengruppe B wird man mit invaliden Argumenten konfrontiert. Es soll begründet werden, warum diese Argumente invalide sind. Dazu muss das Wissen um Validität und Invalidität angewendet werden. Die für Aufgabengruppe A erforderlichen Kompetenzen können vertieft werden.

Lösung von Aufgabe B.1

Kein Mensch darf geschlagen werden. Lucy, eine Schimpansin, ist kein Mensch. Also darf Lucy geschlagen werden.

Lösung:

Dieses Argument ist invalide, weil die Konklusion nicht aus den Prämissen folgt. Dass kein Mensch geschlagen werden darf, bedeutet nicht, dass andere Lebewesen geschlagen werden dürfen.

Lösung von Aufgabe B.2

Alle Krähen sind schwarz. Johann ist schwarz. Also ist Johann eine Krähe.

Lösung:

Dieses Argument ist invalide, weil die Konklusion nicht aus den Prämissen folgt. Die Menge der schwarzen Objekte schließt sowohl die Krähen, als auch Johann ein. Jedoch sind beides unabhängige Teilmengen schwarzer Objekte.

Lösung von Aufgabe B.3

Jeder, der in der Stadt Honolulu lebt, lebt gleichzeitig auf der Insel Oahu. Fred lebt nicht in Honolulu, also lebt er nicht auf der Insel Oahu.

Lösung:

Dieses Argument ist invalide. Nicht jeder Mensch, der auf Oahu lebt, muss auch in Honolulu leben (ausgenommen der unwahrscheinliche und der Realität widersprechende Fall, dass die „Stadt Honolulu" ein Synonym für die „Insel Oahu" ist). Oahu ist die zweitgrößte Insel des Hawaii-Archipels und hat neben Honolulu diverse andere Ortschaften. Deshalb ist es möglich, dass Fred in einem der anderen Orte wohnt. Zudem könnte er als Einsiedler in der Natur leben. Demzufolge kann aus den beiden wahren Prämissen nicht die getroffene Folgerung abgeleitet werden.

Lösung von Aufgabe B.4

Alle Atome sind winzig. Der kleinste Bestandteil des Sauerstoffs ist winzig. Daher ist der kleinste Bestandteil von Sauerstoff ein Atom.

Lösung:

Zwar wurde das Atom früher für die kleinste Einheit eines Elements gehalten, dennoch ist die Aussage falsch. Nur weil die Atome winzig sind, heißt das nicht, dass sie die kleinsten Bestandteile des Sauerstoffatoms darstellen. Wie bekannt ist, bestehen Atome aus Elektronen, Protonen und Neutronen. Demnach gibt es Teilchen, die kleiner sind als die Einheit Atom. Die kleineren Teile bestehen wiederum aus Quarks. Demnach stimmt zwar die Prämisse, dass Atome winzig sind, jedoch ist die Konklusion, sie seien die kleinsten Bestandteile (des Sauerstoffs), falsch.

Lösung von Aufgabe B.5
Viele Anfänger haben Schwierigkeiten mit der Logik. Peter ist ein Anfänger. Daher hat auch Peter Schwierigkeiten mit der Logik.
Lösung:
Diese Aussage ist invalide, da nicht verallgemeinert werden kann, dass allen Anfängern die Logik schwerfällt. Vielleicht ist Peter einer der Anfänger, denen logisches Denken leicht fällt. Die Menge „viele Anfänger" umfasst nicht alle Anfänger und somit umfasst sie auch nicht eindeutig Peter. Daher kann die Konklusion nicht mit Sicherheit aus den Prämissen gezogen werden.

Lösung von Aufgabe B.6
Bäume sind groß. Tiere sind klein. Also sind Menschen kleiner als Bäume.
Lösung:
Dieses Argument ist invalide, da es sich um drei vollkommen verschiedene Aussagen handelt, die in keinem Zusammenhang stehen. Zudem sind die Prämissen wenig eindeutig. Ein frisch gekeimter Baum ist nicht groß, eine Giraffe kann größer sein als viele Bäume.

Lösung von Aufgabe B.7
Tim liebt Julia. Julia liebt Arne. Also liebt Tim Arne.
Lösung:
Bei diesem Beispiel besteht kein unmittelbarer Zusammenhang zwischen den Prämissen und der daraus gezogenen Konklusion. Die Konklusion ist invalide, weil Tim Arne gar nicht kennen muss, nur weil dieser von Julia geliebt wird. Zudem kann man davon ausgehen, dass jeder Mensch nur in einen Menschen verliebt ist. Weiterhin ist es unwahrscheinlich, dass Tim einen Mann liebt, auf den er sogar eifersüchtig sein könnte.

Lösung von Aufgabe B.8

Lionel Messi ist berühmt. Lionel Messi ist ein Fußballspieler. Also ist Lionel Messi ein berühmter Fußballspieler.

Lösung:

Dieses Argument ist invalide, da die zwei Prämissen in der Konklusion einfach zusammengefasst wurden, was unzulässig ist. Zwar ist Lionel Messi tatsächlich ein berühmter Fußballspieler, nur ist dieses Wissen bei der (logischen) Lösung dieses Problems nicht verwendbar, eher irritierend. Messi könnte beispielsweise ein berühmter Koch sein, der hobbymäßig Fußball spielt. Damit hätte er seine Berühmtheit wegen seiner Kochkünste erworben und nicht, weil er Fußball spielt.

Lösung von Aufgabe B.9

Vor zwei Wochen waren zwei Hasen in einem Raum. Seitdem hat kein Hase den Raum verlassen. Daher sind jetzt immer noch zwei Hasen in diesem Raum.

Lösung:

Dieses Argument ist invalide, da nicht alle Möglichkeiten ausgeschlossen werden können, die dazu führen könnten, dass mehr als zwei Hasen im Raum befindlich sind. Z.B. hätte einer der Hasen im Raum trächtig sein und in der Zwischenzeit Junge geworfen haben können. Damit wären bei abermaliger Öffnung mehr als zwei Hasen im Raum. Durch diese Möglichkeit ist die Konklusion widerlegt, weshalb das Argument als invalide gilt.

Lösung von Aufgabe B.10

Wenn jemand ein Dieb ist, ist er maskiert. Peter ist maskiert. Also ist Peter ein Dieb.

Lösung:

Dieses Argument ist invalide, da Diebe lediglich eine Teilmenge der Personen darstellen, die maskiert sind. Auch Menschen, die Karneval feiern, können maskiert sein. Peter könnte auf dem Karneval und daher maskiert sein. Das würde bedeuten, er wäre nicht deshalb maskiert, weil er ein Dieb ist. Das Argument kann somit nicht valide sein.

Lösung von Aufgabe B.11

Nordkorea besitzt atombombenfähiges Uran. Nordkorea besitzt Bomben. Also verfügt Nordkorea auch über eine Atombombe.

Lösung:

Der alleinige Besitz von angereichertem Uran und Bomben bedeutet nicht, dass Nordkorea auch über das Know-how verfügt, eine Atombombe zu bauen. Dazu ist zusätzliches technisches Wissen notwendig. Selbst wenn die Ingenieure darüber verfügten, hieße das nicht, dass sie eine Atombombe bauen. Es wird deutlich, dass weitere Voraussetzungen nötig sind, um ein valides Argument zu formulieren. Da diese nicht gegeben sind, folgt die Konklusion nicht zwingend aus den Prämissen. Daher ist das Argument nicht valide.

2.5.3 Aufgabengruppe C

Das Ziel der dritten Aufgabe besteht in der Anwendung der Regeln, um invalide Argumente in valide Argumente umzuformen. Dadurch sollen Strategien, valide Argumente zu bilden, eingeübt werden.

Lösung von Aufgabe C.1

Alle Schauspieler sind Roboter. Tom Cruise ist ein Roboter. Also ist Tom Cruise ein Schauspieler.

Lösung:

Dieses Argument ist invalide. Die Prämisse schließt nicht aus, dass die Menge der Roboter auch Nicht-Schauspieler enthält. Dieser Umstand macht die Konklusion falsch. Durch das Vertauschen von zwei Prädikaten kann das Argument valide gemacht werden. Ein valides Argument würde demnach wie folgt lauten: Alle Schauspieler sind Roboter. Tom Cruise ist ein Schauspieler. Also ist Tom Cruise ein Roboter. Eine negierte Variante könnte wie folgt lauten: Kein Schauspieler ist nicht ein Roboter. Tom Cruise ist Schauspieler. Also ist Tom Cruise ein Roboter.

Lösung von Aufgabe C.2

Hans wurde in den Kopf geschossen. Viele Menschen sind durch Kopfschüsse gestorben. Also ist Hans tot.

Lösung:

Dieses Argument ist invalide, da die Menge der so getöteten Leute zwar groß ist, jedoch Hans nicht einschließen muss. Damit resultiert die Konklusion nicht eindeutig aus den Prämissen. Es könnte sein, dass Hans mit einem Projektil im Kopf überlebt hat. Das Argument wäre nur dann valide, wenn die zweite Prämisse als Allsatz formuliert wäre. Ein valides Argument würde also wie folgt lauten: Hans wurde in den Kopf geschossen. Alle Menschen sterben, die einen Kopfschuss erleiden. Also ist Hans tot. Eine negierte Variante könnte wie folgt lauten: Hans wurde in den Kopf geschossen. Kein Mensch, der in den Kopf geschossen wird, überlebt. Also kann Hans nicht mehr leben.

Lösung von Aufgabe C.3

Wenn Nina in Bremen wohnt, dann wohnt Nina in Deutschland. Nina wohnt tatsächlich in Deutschland. Also muss Nina in Bremen wohnen.
Lösung:
Dieses Argument ist invalide. Zwar wohnt man in Deutschland, wenn man in Bremen wohnt. Nur weil Nina in Deutschland wohnt, muss sie jedoch nicht in Bremen wohnen. Sie könnte auch in Berlin oder München wohnen. Das Argument wird valide, wenn die Prädikate miteinander vertauscht werden. Ein valides Argument könnte demnach lauten: Wenn Nina in Bremen wohnt, dann wohnt sie in Deutschland. Nina wohnt in Bremen. Daher muss sie in Deutschland wohnen. Eine negierte Form könnte wie folgt lauten: Wenn Nina nicht in Deutschland wohnt, dann wohnt sie auch nicht in Bremen. Nina wohnt nicht in Deutschland. Also wohnt sie nicht in Bremen.

Lösung von Aufgabe C.4

Jeder Student hat einen Laptop. Jeden Tag fahre ich mit dem Zug und hinter mir sitzt eine junge Frau, die mit dem Laptop arbeitet. Ich bin mir sicher, dass sie eine Studentin ist.
Lösung:
Dieses Argument ist invalide, da nicht jede Person, die einen Laptop besitzt, Student/in sein muss. Viele andere Personen besitzen Laptops. Ein valides Argument würde lauten: Jeder Studierende hat einen Laptop. Meine Mitfahrerin ist Studentin. Also muss sie ebenfalls einen Laptop besitzen. In negierter Form: Kein Studierender besitzt keinen Laptop. Meine Mitfahrerin ist Studentin. Demnach besitzt sie einen Laptop.

Lösung von Aufgabe C.5

Wenn auf dem Kleinplaneten Pluto Leben existiert, muss er Wasser aufweisen. Aber auf Pluto gibt es kein Leben. Daher gibt es kein Wasser auf Pluto.

Lösung:

Dieses Argument ist invalide, da die Verfügbarkeit von Wasser nicht von der Existenz von Lebewesen abhängt. Es könnte genauso gut sein, dass das Leben infolge eines Meteoriteneinschlags ausgestorben, aber Wasser noch vorhanden wäre. Oder es hat trotz Wasser nie Leben existiert. Das Argument müsste in valider Form wie folgt lauten: Wenn auf Pluto Leben existiert, muss er Wasser aufweisen. Aber Pluto weist kein Wasser auf. Damit kann kein Leben auf Pluto existieren. Eine weitere Möglichkeit wäre: Wenn der Kleinplanet Pluto kein Wasser aufweist, kann es kein Leben auf Pluto geben. Es existiert kein Wasser auf Pluto. Damit ist Leben auf Pluto nicht möglich.

Lösung von Aufgabe C.6

Manche Menschen sind reich. Manche Menschen sind nett. Manche Menschen sind reich und nett.

Lösung:

Dieses Argument ist invalide, da zwei nicht zusammenhängende Prämissen zu einer Konklusion vereinigt wurden. Um valide zu argumentieren, muss eine der Prämissen ausgeweitet werden. Demzufolge könnte das valide Argument wie folgt lauten: Alle sind reich. Manche Menschen sind nett. Damit sind manche Menschen reich und nett. Ein anderes valides Argument lautet: Manche Menschen sind reich. Alle Menschen sind nett. Manche Menschen sind reich und nett.

2.5.4 Aufgabengruppe D

Bei dieser Aufgabengruppe geht es darum, aus Texten die relevanten Prädikate zu entnehmen, die dann in ein Venn-Diagramm eingetragen werden.

Lösung von Aufgabe D.1
Jeder Spieler der Fußballmannschaft Werder Bremens trägt stolz das Trikot mit der Raute. Auch Alex trägt das Trikot mit der Raute stolz. Demzufolge muss Alex ein Spieler der Fußballmannschaft Werder Bremens sein.
Lösung:

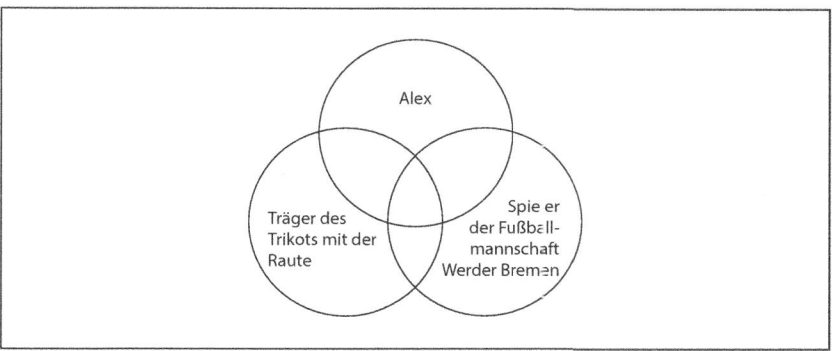

Lösung von Aufgabe D.2
Rehe gehören zu den Säugetieren. Viele Säugetiere jagen andere Wildtiere, beispielsweise Mäuse. Also müssen auch Rehe Wildjäger sein.
Lösung:

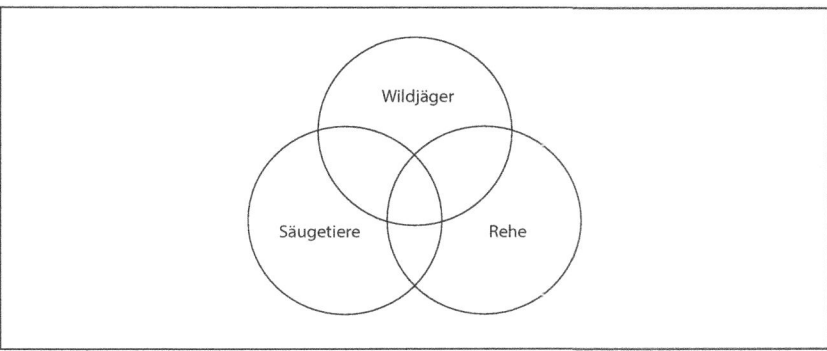

Lösung von Aufgabe D.3

Alle Menschen sind Säugetiere. Die Autoren dieser Aufgaben sind Menschen. Also sind die Autoren dieser Aufgaben Säugetiere.

Lösung:

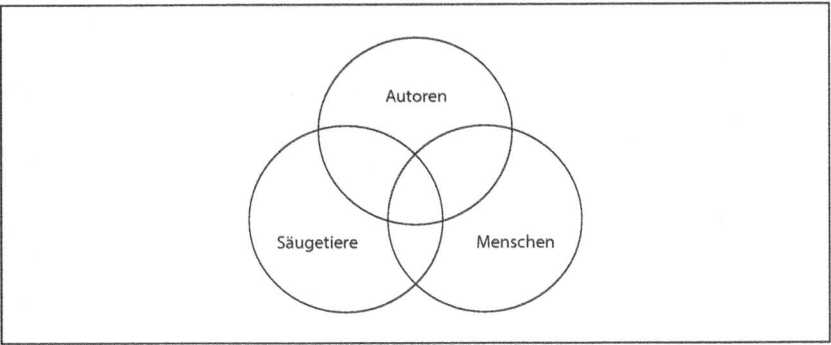

Lösung von Aufgabe D.4

Wenn alle Tiere die Fähigkeit sinnlicher Wahrnehmung besitzen und Regenwürmer Tiere sind, so besitzen auch alle Regenwürmer die Fähigkeit sinnlicher Wahrnehmung.

Lösung:

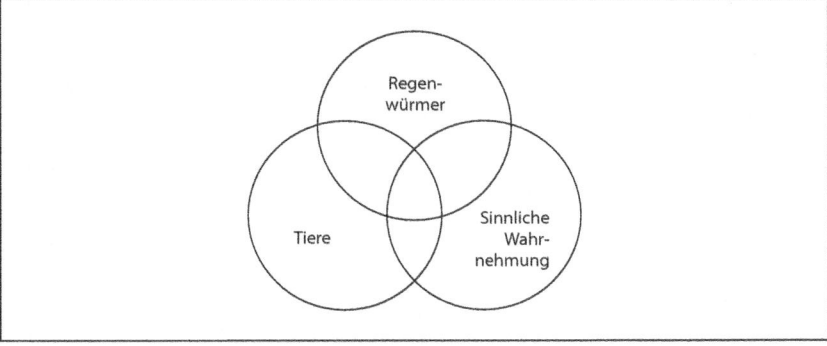

2.5.5 Aufgabengruppe E

Aufgabengruppe E stellt eine Erweiterung der Aufgabengruppe D dar. Per Venn-Diagramm ist die Validität und Stichhaltigkeit von Aussagen zu überprüfen.

Lösung von Aufgabe E.1

Diabetiker weisen ein hohes Gesundheitsrisiko auf. Alle Menschen, die eine günstige Lebensversicherung abschließen können, weisen kein hohes Gesundheitsrisiko auf. Also können Diabetiker keine günstigen Lebensversicherungen abschließen.

Lösung:

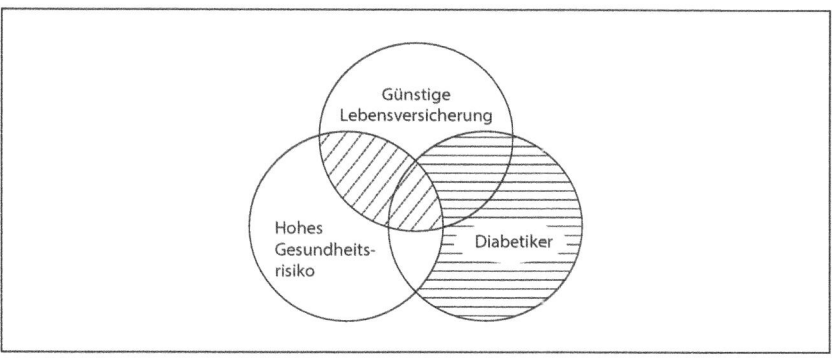

Aus dem Venn-Diagramm wird ersichtlich, dass die Schnittmenge der Mengen „Diabetiker" und „günstige Lebensversicherung" schraffiert und somit leer ist. Die Konklusion „Also können Diabetiker keine günstige Lebensversicherung abschließen" resultiert somit aus den beiden Prämissen und das Argument ist somit valide.

Lösung von Aufgabe E.2

Jede Software ist heutzutage kopiergeschützt. Was wahren wissenschaftlichen Wert hat, kennt jedoch keinen Kopierschutz. Also hat Software keinen wissenschaftlichen Wert.

Lösung:

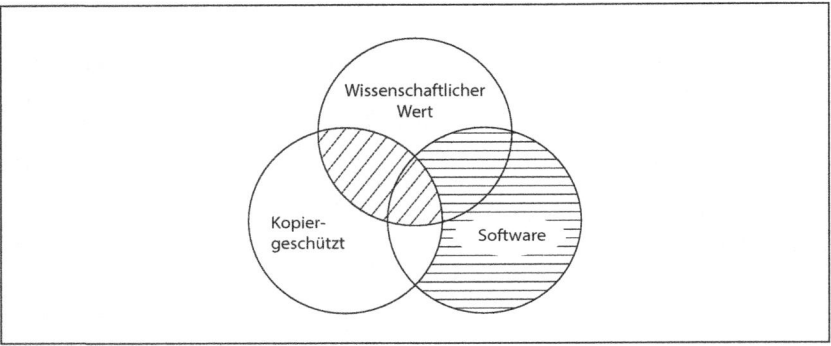

Die Konklusion erweist sich zwar als deduktiv valide, aber nicht als stichhaltig, da der in der einen Prämisse postulierte Zusammenhang von Kopierschutz und wissenschaftlichem Wert fraglich, das heißt falsch ist. Auch die erste Prämisse ist falsch, da es durchaus (nützliche) Software ohne Kopierschutz gibt.

Lösung von Aufgabe E.3

Alle natürlichen Geschehnisse haben Ursachen. Alle Dinge, die Ursachen haben, sind Gottes Wille. Daher sind alle natürlichen Geschehnisse Gottes Wille.

Lösung:

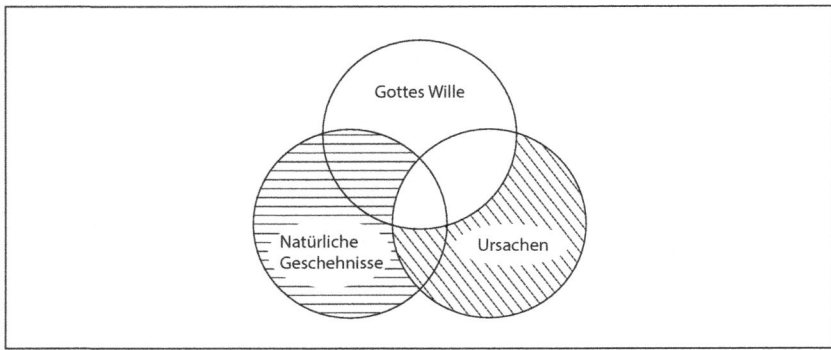

Dieses Argument ist valide. Die Menge „natürlichen Geschehnisse" befindet sich auch in der Menge „Gottes Wille". Werden die Prämissen als zutreffend vorausgesetzt, ist zudem die Argumentation stichhaltig. Man sieht an diesem Beispiel, dass die Wahrheit der Prämissen nicht evident ist. Die Beurteilung ihrer Wahrheit hängt von erkenntnistheoretischen Positionen und religiösen Einstellungen ab.

Lösung von Aufgabe E.4

Alle Theologen haben fundamentalistische Tendenzen. Theologen sind jedoch keine Naturwissenschaftler. Daher haben Naturwissenschaftler keine fundamentalistischen Tendenzen.

Lösung:

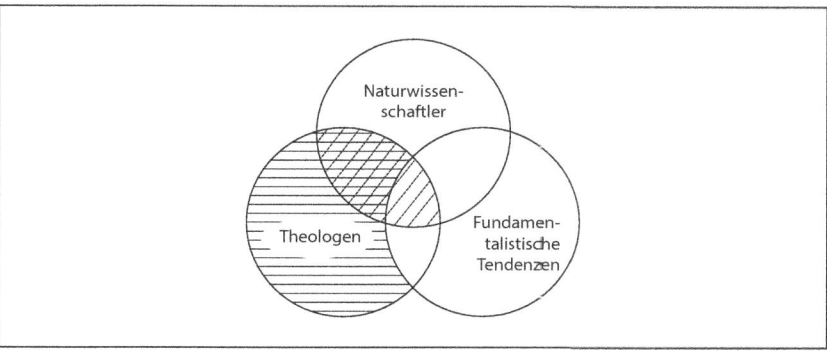

Dieses Argument ist invalide. Aus dem Venn-Diagramm geht hervor, dass es Naturwissenschaftler geben kann, die fundamentalistische Tendenzen haben.

2.5.6 Aufgabengruppe F

Bei dieser Aufgabengruppe wird die Relation von Objekten und Prädikaten mit
Euler-Diagrammen überprüft.

Es darf kein verbleites Benzin in den Tank eingefüllt werden. Demzufolge darf das
Benzin aus diesem Kanister nicht in den Tank gefüllt werden, denn in diesem Ka-
nister befindet sich verbleites Benzin.
Lösung:

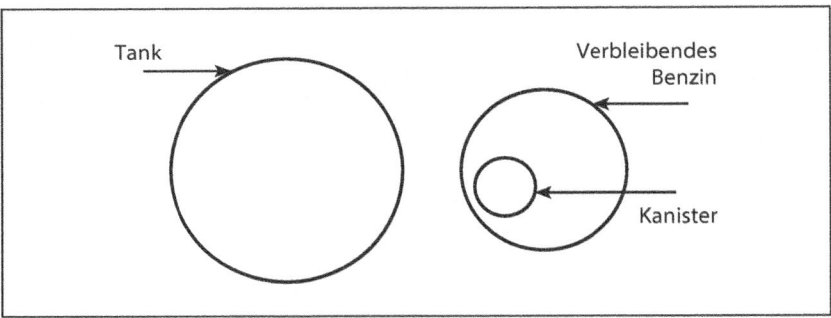

Alle Menschen ab 18 Jahren sind berechtigt, wählen zu gehen. Da Mark 19 Jahre alt
ist, darf er demnach wählen gehen.
Lösung:

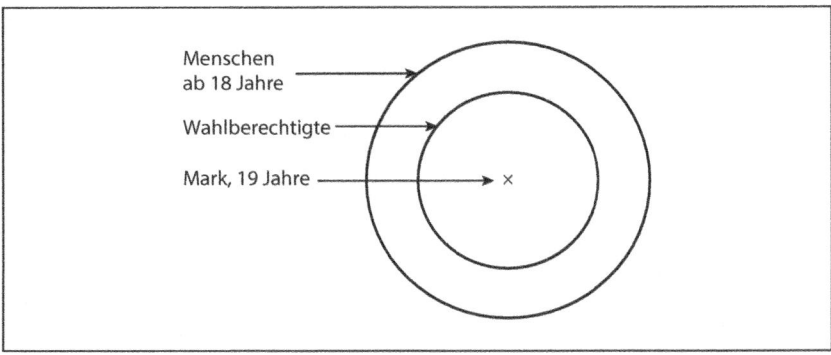

Alle Vierecke haben vier Winkel. Die Figur ABCD ist ein Viereck. Demnach muss die Figur ABCD vier Winkel aufweisen.

Lösung:

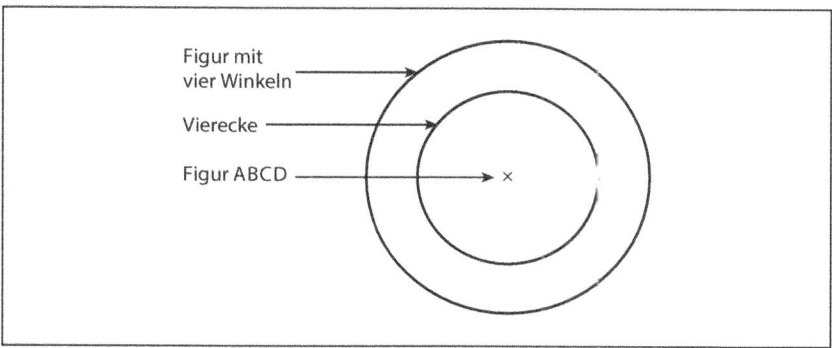

Alle Vögel legen Eier. Schnabeltiere legen Eier. Daher müssen sie Vögel sein.

Lösung:

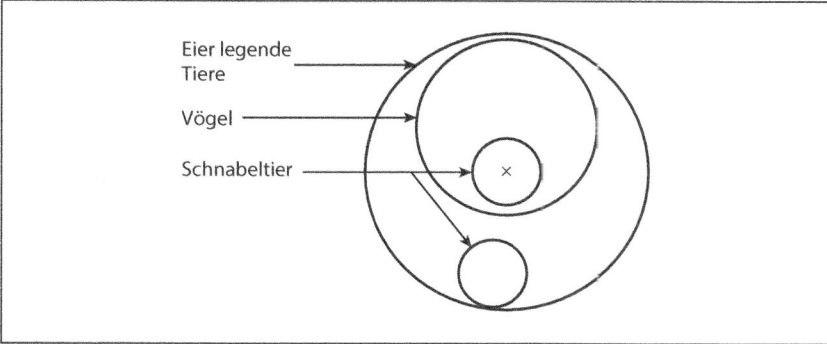

Lösung von Aufgabe F.5
Widerstandskämpfer denken kritisch. Jonas denkt kritisch über die Verpflichtungen von Werder Bremen für die neue Saison. Somit muss er ein Widerstandskämpfer sein.
Lösung:

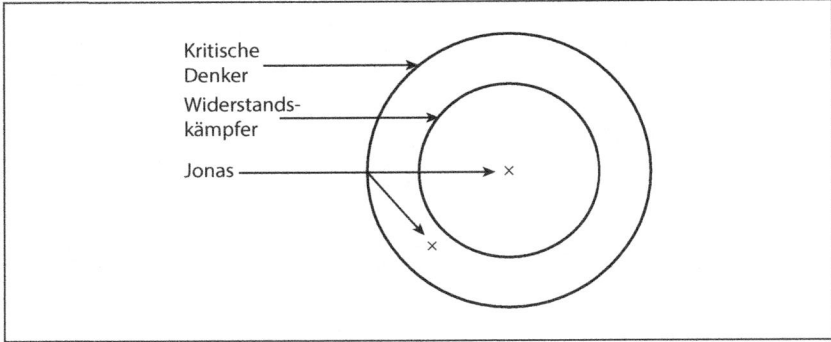

2.5.7 Aufgabengruppe G

In dieser Aufgabengruppe mussten vorgegebene Euler-Diagramme sprachlich in valide Argumente umgeformt werden.

Lösung von Aufgabe G.1:
Alle Insekten haben sechs Beine. Libellen sind Insekten. Also haben sie sechs Beine.

Lösung von Aufgabe G.2:
Alle Dreiecke besitzen drei Seiten. Dreiseitige Objekte sind Figuren, also sind Dreiecke Figuren.

Lösung von Aufgabe G.3:
Thomas Mann hat ausschließlich gute Bücher geschrieben. Tonio Kröger wurde von Thomas Mann verfasst. Demzufolge muss es ein gutes Buch sein.

Lösung von Aufgabe G.4:

Alle ungewollten Pflanzen sind Unkraut. Wir wollen keinen Weizen in unserem Kornfeld. Also ist Weizen hier Unkraut.

2.5.8 Aufgabengruppe H

Hier müssen aussagenlogische Behauptungen bzw. Folgerungen beurteilt werden.

Lösung von Aufgabe H.1

a) Wenn Herr Müller alle Zähne hat, dann ist der Apfel angebissen.
b) Der Apfel ist nicht angebissen.
c) Also hat Herr Müller nicht alle Zähne.

Bei diesem Beispiel handelt es sich um die Negation der Konsequenz. Die Schlussfolgerung, dass Herr Müller nicht alle Zähne besitzt, beruht dann auf einer Prämisse, die ebenfalls zu verneinen ist, um valide zu sein. Die Schlussfolgerung ist valide.

Lösung von Aufgabe H.2

a) Wenn Markus auf einem Wahlplakat zu sehen ist, dann ist er im Bundestag.
b) Markus ist auf einem Wahlplakat zu sehen.
c) Also ist Markus im Bundestag.

Über den Wahrheitsgehalt der Implikation kann keine Aussage getroffen werden. Die Konklusion ist zwar valide (Bejahung des Antezedens); die Argumentation widerspricht jedoch der Alltagserfahrung; denn nicht jeder, der auf Wahlplakaten zu sehen ist, ist ein Politiker und nicht jeder Kandidat wird auch gewählt. Deshalb ist die Argumentation nicht stichhaltig.

Lösung von Aufgabe H.3

a) Wenn Angela Merkel Bundeskanzlerin ist, dann ist Angela Merkel nicht in der Opposition.
b) Wenn es falsch ist, dass Angela Merkel nicht in der Opposition ist, dann ist Angela Merkel nicht Bundeskanzlerin.
c) Wenn Angela Merkel in der Opposition ist, dann ist sie nicht Bundeskanzlerin.

Die Aussage ist valide, es handelt sich um eine doppelte Verneinung und um eine Kontraposition.

Lösung von Aufgabe H.4

Ein Beispiel für eine Kontravalenz wäre

a) Markus Mutter hat gesagt: „Markus, entweder du räumst dein Zimmer auf oder du wirst heute Abend den Abwasch machen müssen!"

b) Markus macht am Abend den Abwasch.

c) Also hat Markus sein Zimmer nicht aufgeräumt.

Um die Validität der Aussage zu gewährleisten, muss in diesem Fall jedoch vorausgesetzt werden, dass Markus aus keinen anderen Anlässen abends den Abwasch macht.

2.5.9 Aufgabengruppe I

Bei dieser Aufgabengruppe sollte die Validität von Folgerungen aus Wenn-Dann-Aussagen geprüft werden (entsprechend der deduktiven Regeln).

Lösung von Aufgabe I.1

Wenn Elisabeth hier ist, dann ist Hilde glücklich. Hilde ist glücklich. Also ist Elisabeth hier.

Bestätigung der Konsequenz, also deduktiv invalide (Hilde könnte auch aus anderen Gründen glücklich sein).

Lösung von Aufgabe I.2

Wenn Markus die Bundeskanzlerin unterstützt, dann ist er konservativ. Markus ist nicht konservativ. Also unterstützt Markus die Bundeskanzlerin nicht.

Ablehnung der Konsequenz, also deduktiv valide.

Lösung von Aufgabe I.3

Wenn Markus die Bundeskanzlerin unterstützt, dann ist er konservativ. Markus ist konservativ. Also unterstützt Markus die Bundeskanzlerin.

Bejahung der Konsequenz, also deduktiv invalide (nicht jeder Konservative muss die Bundeskanzlerin unterstützen).

Lösung von Aufgabe I.4

Wenn Carsten in der Schule ist, ist seine Mutter glücklich. Somit ist Carsten nicht in der Schule, wenn seine Mutter unglücklich ist.
Kontraposition, also deduktiv valide.

Lösung von Aufgabe I.5

Wenn Michael einen Interessenkonflikt hat, dann kann seiner Zeugenaussage nicht vertraut werden. Wenn Michaels Bruder ein mutmaßlicher Täter ist, dann hat Michael einen Interessenkonflikt. Michaels Bruder ist ein mutmaßlicher Täter. Somit kann Michaels Zeugenaussage nicht vertraut werden.
Es handelt sich hier um zwei verknüpfte Implikationen. Beide Male wird das Antezedens bestätigt; die Schlussfolgerung, dass Michaels Aussage nicht vertraut werden kann, ist also deduktiv valide.

Induktive Methoden 3

Generelles Ziel des Argumentierens ist es – unabhängig davon ob es deduktiv oder induktiv geschieht –, angemessene, verlässliche Schlussfolgerungen zu ziehen bzw. Folgerungen zu finden, welche durch wahre Prämissen unterstützt und gefestigt werden. Damit eine Konklusion angemessen ist, benötigt man demnach wahre und stichhaltige Prämissen. Anders als bei der Deduktion können induktiv gewonnene Schlussfolgerungen jedoch Wahrheit nicht garantieren. In induktiven Argumentationen stützen die Prämissen die Wahrscheinlichkeit, dass die gezogene Konklusion wahr ist. Stets wird in den Folgerungen eines induktiv gewonnenen Arguments ein Mehr an Information ausgedrückt, als in den Aussagen der Prämissen tatsächlich enthalten ist. Diese Besonderheit lässt sich an einem einfachen Beispiel aufzeigen (vgl. hierzu Bierman und Assali 1996, S. 183 ff.):

Alle bisher beobachteten Krähen sind schwarz. Die Folgerung, *alle Krähen sind schwarz,* bezieht die bisher nicht beobachteten und künftig beobachteten Krähen mit ein und kann deshalb nur als vorläufige Aussage betrachtet werden und, von der Logik aus beurteilt, nicht als bestätigt gelten.

Ein Großteil menschlichen Wissens basiert auf induktiven, durch Erfahrungen gewonnenen Konklusionen. Man akzeptiert solche Konklusionen, wenn sie hinreichend fundiert sind, trotz des Risikos, dass sie falsch sein könnten. Neu gewonnene Erfahrungen können Menschen jedoch veranlassen, auch lange vertretene und scheinbar bewährte Annahmen aufzugeben

Der hypothetische Charakter von induktiven Argumentationen kann nochmals durch Kontrastierung zu dem bekannten deduktiven Syllogismus verdeutlicht werden (siehe Tab. 3.1).

Tabelle 3.1   Deduktiver und induktiver Syllogismus

Deduktion	Induktion
Alle Menschen sind sterblich	*Sokrates ist sterblich*
Sokrates ist ein Mensch	*Sokrates ist ein Mensch*
Sokrates ist sterblich	*Alle Menschen sind sterblich*

Quelle: Eigene Darstellung

Zwar ist in diesem Fall die durch Induktion gewonnene Folgerung, dass alle Menschen sterblich sind, richtig; die Wahrheit dieser Aussage folgt jedoch keineswegs sicher aus den beiden voran stehenden Prämissen, wie man leicht nachvollziehen kann. An diesem Beispiel kann man weiterhin ersehen, dass die beiden Prämissen zwar auf anerkannten Fakten beruhen; gleichwohl ist die induktive Argumentation schwach bzw. inakzeptabel, da die Folgerung aus den Prämissen auf unzulässige Weise geschieht.

Häufig kommt es vor, dass in induktiven Argumenten die Prämissen fehlerhaft oder wenig verlässlich sind. Werden falsche, fehlerhafte Messwerte verwendet, kann etwa eine darauf beruhende Wetterprognose (die Folgerung) nicht gut fundiert sein. Hinzu kommt, dass als Prämissen von induktiven Folgerungen nicht nur unbezweifelbare Fakten herangezogen werden, sondern oft auch Konventionen, Erinnerungen o. Ä., die per se eine nur eingeschränkte Gültigkeit und Konsistenz besitzen. Ist keine sichere Aussage über die Wahrheit bzw. Zuverlässigkeit der Prämissen möglich (ohne jedoch sie als falsch abtun zu können), wird die gesamte Argumentation fragwürdig.

Zwar kann man versuchen, in Anlehnung an die wissenschaftliche Statistik (die sog. Inferenzstatistik) die Wahrscheinlichkeit und Plausibilität von induktiven Argumenten abzuschätzen (vgl. Bierman und Assali 1996, S. 235 ff.). Praktisch hilfreich ist ein solches Vorgehen im Alltag jedoch nur sehr bedingt.

Um induktiv gut zu argumentieren, sollten die folgenden allgemeinen Empfehlungen beachtet werden (vgl. Bierman und Assali 1996, S. 185, S. 235):

1) *Man bemühe sich darum, alle verfügbaren Informationen (als Prämissen) zu sammeln;*
2) *andere konkurrierende Konklusionen, die sich ebenfalls aus Prämissen ergeben könnten, sollten geprüft und möglichst ausgeschlossen werden;*
3) *sind die Prämissen nur schwach und stellen sie nur sehr unsichere Belege dar, dann sollte auf die Formulierung einer Konklusion oder Hypothese verzichtet werden;*

4) *die Qualität eines induktiven Arguments sollte durch sorgfältige Prüfung sowohl der Prämissen, der Schlussfolgerungen als auch des gesamten argumentativen Designs evaluiert werden.*

In vielen Fällen des induktiven Vorgehens (so auch im Beispiel von Tabelle 3.1) wird von speziellen oder individuellen Erfahrungen auf allgemeine Zusammenhänge (Gesetzmäßigkeiten) geschlossen. Da solche Annahmen über Zusammenhänge mit Unsicherheit behaftet sind, besitzen sie den Status von Hypothesen. Induktiv gewonnene Konklusionen über verallgemeinerte Zusammenhänge werden deshalb meist als Hypothesen bezeichnet. Ein anderes gebräuchliches Ziel beim induktiven Verallgemeinern besteht in der Bildung von Kategorien oder Klassen. Weiterhin kann das Ziel induktiven Denkens der Einzelfall sein, zu dem eine „Diagnose" oder Prognose abgegeben werden soll. In der Literatur findet man für diesen speziellen Fall häufig die Bezeichnung „Abduktion". Als Formen induktiver Methoden werden im Folgenden die induktive Verallgemeinerung, die statistische Argumentation und die diagnostische Induktion vorgestellt.

3.1 Verallgemeinerung per Induktion

Ein Typ des induktiven Argumentierens ist die verallgemeinernde Induktion. Hierbei werden möglichst umfassend Einzeltatsachen gesammelt, um eine generelle Schlussfolgerung bzw. einen Allsatz zu formulieren. Dieser Typ der Argumentation stützt sich in der Regel auf Daten aus einer Stichprobe der Grundgesamtheit. Ein viel zitiertes Beispiel für die generalisierende Induktion ist der Allsatz bzw. die Hypothese, dass *alle* Schwäne weiß seien. Diese Hypothese mag durch zahllose Einzelbeobachtungen weißer Schwäne gestützt werden. Allerdings ist diese Hypothese bzw. diese Form der Induktion leicht anzufechten, da sie bereits durch eine einzige andersartige Tatsache widerlegt werden kann. Die Beobachtung eines einzigen schwarzen Schwans machte dann die vielen Beobachtungen, die für die weiße Farbe aller Schwäne sprechen, wertlos. Allerdings: Der sog. Falsifikationismus in der Wissenschaftstheorie transformiert diese Schwäche von empirischen Generalisierungen zu einem wissenschaftlichen Prinzip und verlangt von Hypothesen grundsätzlich, dass sie falsifizierbar sein müssen (vgl. Popper 1971).

Bei der induktiven Verallgemeinerung wird, mit anderen Worten, also davon ausgegangen, dass alle Elemente einer Teilklasse (Stichprobe) eine bestimmte gleiche Eigenschaft besitzen. Aufgrund dieses Sachverhalts wird gefolgert, dass alle Elemente der Gesamtklasse diese Eigenschaft besitzen (Beispiel die Farbe Weiß aller Schwäne). Selbstverständlich sollte man eine solche prinzipiell falsifizierbare

Verallgemeinerung nur tätigen, wenn die Stichprobe angemessen ist; denn aus zu schwachen Prämissen kann man keine stichhaltige Konklusion ziehen. Wie groß die Stichprobe sein muss, lässt sich – entgegen mancher Behauptungen in der Literatur (z. B. bei Astleitner 1998, S. 93) – nicht generell angeben; dies hängt u. a. von der Variabilität und den Kausalfaktoren des Merkmals in der Population sowie vom Verallgemeinerungsgrad der Hypothese ab (z. B. genügen zur Untersuchung zur Variabilität optischer Täuschungen kleinere Stichproben als bei der Messung politischer Einstellungen; Verallgemeinerungen, die sich etwa auf die Bevölkerung ganz Europas beziehen, benötigen größere Stichprobenumfänge als Verallgemeinerungen auf die Bevölkerung einer bestimmten Großstadt).

3.2 Statistische Argumentation

Die generalisierende wie die statistische Induktion sind sowohl in Alltags- als auch wissenschaftlichen Kontexten von Bedeutung, wobei im vorliegenden Handbuch der Alltagskontext im Vordergrund stehen soll, zumal die wissenschaftliche Statistik ein eigenständiges Forschungsgebiet darstellt.

Bei der statistischen Induktion, gefasst in *syllogistischer* Form (vgl. Bierman und Assali 1996, S. 191 ff.) geht man von einer Verallgemeinerung bzw. einer auf Erkenntnissen beruhenden Hypothese aus. Diese Hypothese wird verwendet, um eine Hypothese für eine Teilgruppe oder für Mitglieder einer Gruppe abzuleiten. Man kann das Vorgehen auch als hypothetico-deduktiv bezeichnen.

Im Beispiel: Eine auf medizinischen Befunden beruhende Hypothese könnte lauten: *„Der in Aspirin enthaltene Wirkstoff lindert bei allen Patienten die Schmerzen."* Unter der Annahme, dass Individuen mit Zahnschmerzen zu den Schmerzpatienten zu rechnen sind, könnte man folgern: *„Der in Aspirin enthaltene Wirkstoff hilft bei Zahnschmerzen."* Ohne jetzt ins wissenschaftliche Detail gehen zu wollen, kann man feststellen, dass diese statistische Folgerung nicht zutreffend ist. Offenbar gibt es keine einheitliche Population von Schmerzpatienten, bei der dieselben therapeutischen Maßnahmen wirksam wären.

3.3 Diagnostische Induktion

Die diagnostische Induktion wird so genannt, weil sie typischerweise in medizinischen Zusammenhängen gebräuchlich ist, wenn es um die diagnostische Bedeutung und Deutung von Symptomen geht. Allerdings ist die diagnostische Induktion keineswegs auf medizinische Anwendungen beschränkt.

Bei dieser induktiven Methode werden vorliegende Fakten („Evidenz" wie z. B. sichtbare Symptome, Indizien in der Kriminalistik) als Prämissen für eine fallbezogene Konklusion herangezogen, unter Berücksichtigung der gegebenen Randbedingungen (also des Kontextes) sowie von Hilfshypothesen. Erst das Heranziehen solcher geeigneter Hypothesen macht die Folgerung aus den evidenten Fakten plausibel. Charakteristisch für alltägliches Argumentieren ist allerdings, dass Hilfshypothesen und Kontextfaktoren oft nur mitbedacht, aber nicht explizit genannt werden. Bei der Prüfung der Plausibilität einer Argumentation ist es jedoch erforderlich, die Hilfshypothese explizit heranzuziehen und weitergehend zu prüfen, ob es zu ihr konkurrierende Hypothesen gibt, die mit den Fakten (Evidenz) ebenfalls vereinbar sind oder aber als (wahrscheinlich!) unzutreffend abgelehnt werden können.

Zur Erläuterung sei das Beispiel aus Bierman und Assali (1996, S. 196) aufgeführt, das der medizinischen Bedeutung dieser induktiven Methode Rechnung trägt.

Tabelle 3.2   Diagnostische Induktion

Lukas hat Fieber	*Evidenz (hier: Symptome)*
Er wirkt schwach	
Er hat kleine, rote Punkte überall im Gesicht	
Er hatte noch nie die Masern	*Randbedingung*
Eine Person mit solchen Symptomen, die noch nie die Masern hatte, hat vermutlich die Masern	*Hilfshypothese*
Lukas hat die Masern	*Folgerung (hier: Diagnose)*

Quelle Bierman und Assali 1996, S. 196 u. eigene Darstellung

Konkurrierende Hilfshypothesen könnten aufgrund der Symptomatik und anderer Randbedingungen etwa auf das Vorliegen einer allergischen Reaktion hindeuten. Zum Ausschließen dieser Alternativhypothese würde man gegebenenfalls Randbedingungen gegeneinander abwägen und/oder nach weiteren Symptomen suchen.

3.4 Typische Fehler beim induktiven Argumentieren

Das unvermeidliche Moment der Unsicherheit macht induktives Argumentieren fehleranfällig. Im Folgenden werden einige typische Fehler, die zum Teil bereits angesprochen wurden, zusammengestellt. Ausführliche Hinweise auf Fehler beim induktiven Argumentieren finden sich bei Bierman und Assali (1996, S. 261 ff.) oder bei Astleitner (1998, S. 104 ff.).

3.4.1 Voreiliges Generalisieren

Dieser Fehler liegt vor, wenn die berücksichtigten Daten (die Evidenz) fragwürdig sind oder nicht ausreichen, um die argumentativen Folgerungen zu rechtfertigen.

Beispiel: *Ich war im neu eröffneten Gourmet-Restaurant. Was für ein mittelmäßiges Essen. Ich werde da bestimmt nie mehr hingehen.*

Die Argumentation in diesem Beispiel ist ungenügend. Eine einzige Erfahrung mittelmäßigen Essens reicht nicht zur Beurteilung der Qualität eines Restaurants aus. Restaurants brauchen Zeit, um sich zu organisieren und unter Zeitdruck qualitativ hochwertiges Essen anzubieten. Zudem ist „gutes Essen" eine Geschmacksfrage, und die Restaurant-Beurteilung könnte durch andere Individuen anders ausfallen. Eine gute Möglichkeit, voreiliges Generalisieren zu vermeiden, ist das Sammeln von Gegenbelegen, die aufzeigen, dass eine Folgerung ungerechtfertigt ist, übergeneralisiert. Ein Problem kann allerdings sein, dass Individuen, die voreilig generalisieren, sich den Gegenbelegen verschließen, sich also nur ungern von anderen Argumenten überzeugen lassen.

3.4.2 Unpassende Erklärungen

Dieser Fehler tritt auf, wenn als gültig anerkannte Regeln oder Gesetzmäßigkeiten auf spezielle Fälle angewandt werden, auf die sie nicht passen.

Beispiel: *Eltern sollen ihre Kinder nicht täuschen, indem sie ihnen unwahre Dinge erzählen. Daher ist es falsch zu erzählen, dass der Weihnachtsmann die Geschenke bringt.*

Das Prinzip, dass Kinder von ihren Eltern nicht belogen werden dürfen, ist zwar richtig. Auf die Geschichte vom Weihnachtsmann ist das Prinzip jedoch kaum anwendbar. Gerade in der Kindheit spielen Mythen und Märchen eine wichtige Rolle. Kinder „brauchen" solche Geschichten für ihre kognitive und emotionale Entwicklung, auch um allmählich Wunsch und Realität unterscheiden zu lernen.

Unpassende Erklärungen bzw. Verallgemeinerungen kann man vermeiden oder abwehren, indem man sich Situationen vergegenwärtigt, für die die herangezogenen Prinzipien gelten bzw. formuliert wurden.

3.4.3 Irrelevante Schlussfolgerungen

Irrelevant sind Folgerungen, wenn sie fälschlich oder völlig unpassend aus vorhandenen Daten oder Belegen gezogen werden.

Beispiel: *Der 17jährige Kurt ist ein fleißiger und freundlicher Schüler. Er ist also prädestiniert dafür, Ingenieur zu werden.*

Die angeführten Eigenschaften Fleiß und Freundlichkeit sind bestenfalls kein Hindernis für den Ingenieurberuf. Um über die Eignung für diesen Beruf zu entscheiden, müssen andere Persönlichkeitsmerkmale und Fertigkeiten herangezogen werden. Im Beispielsfall mag die Irrelevanz der Schlussfolgerung offensichtlich sein, in vielen anderen Fällen ist dies weniger offensichtlich, vor allem dann, wenn die Folgerung mit der gehörigen Suggestivkraft vorgetragen wird.

3.4.4 Fehler durch Vernachlässigung von Informationen

Falsche Schlussfolgerungen entstehen, wenn vorhandene (jedoch nicht für alle Beteiligten ersichtliche) Informationen ignoriert, unterdrückt oder vernachlässigt werden, obwohl sie für das Argument bedeutsam sind und der gezogenen Folgerung eine andere Richtung geben würden.

Beispiel: *Niemand, der klaren Verstand hat, möchte in Berlin wohnen. Die Stadt hat ausgesprochen kalte Winter, die Luft ist von vielem Verkehr stickig. Die öffentlichen Einrichtungen sind wegen der hohen Verschuldung der Stadt heruntergekommen. Außerdem ist die Kriminalitätsquote sehr hoch.*

Man erkennt an dieser Argumentation sehr leicht, dass nur die negativen Seiten der Stadt Berlin genannt werden. Im Übrigen scheint in diesem Fall die Art der Beweisführung nicht sehr überzeugend zu sein, wenn man bedenkt, dass die gegebenen Daten zwar zutreffen mögen, die Bevölkerung Berlins durch Zuzüge jedoch vergleichsweise stark wächst.

Es ist zu beachten, dass die Vernachlässigung von Informationen nicht immer unzulässig ist. Ein Rechtsanwalt, der entgegen dem erklärten Willen seines Mandanten Informationen dem Gericht preisgibt, die gegen seinen Klienten verwandt werden können, würde seine Pflichten als Anwalt verletzen.

3.4.5 Verstoß gegen Regeln der Wahrscheinlichkeitstheorie

Voneinander unabhängige, also zufällige Ereignisse, wie das mehrmalige Würfeln oder das Werfen von Münzen, werden häufig missverstanden. So ist im Lottospiel die Ziehung der Zahlenfolge 1,2,3,4,5,6 genauso wahrscheinlich wie jede andere Zahlenfolge, obwohl viele diese Zahlenfolge für unwahrscheinlicher als andere Folgen halten. Dieselbe Zufallswahrscheinlichkeit wie jede andere Zahlenfolge hat etwa auch das erneute Auftreten derselben Zahlenfolge bei der nächsten Ziehung.

Auf der Missachtung der Wahrscheinlichkeitsregeln beruht die Attraktivität von Glücksspielen. Außerdem glauben Glücksspieler nicht selten fälschlicherweise, zufällige Ereignisse intuitiv oder magisch beeinflussen zu können.

3.4.6 Kausale Trugschlüsse

Kausale Trugschlüsse treten auf, wenn die Beziehung zwischen zwei oder mehreren Ereignissen missverstanden bzw. falsch interpretiert wird. Kausale Trugschlüsse können verschiedene Form annehmen. So können Ereignisse unabhängig voneinander geschehen, auch wenn sie gleichzeitig auftreten. Wenn eine Klasse in Mathematik schlechtere Leistungen erzielt als die Parallelklasse, so ist es – ohne weitergehende Informationen – unzulässig und falsch, diesen Unterschied als durch die jeweilige Lehrperson verursacht zu interpretieren.

Häufig sind Ursache und Wirkung entgegen verbreiteter Meinung auch nicht eindeutig zu bestimmen oder werden sogar verwechselt. Beispielsweise ist es bei der Beziehung zwischen Depression und Arbeitslosigkeit nicht eindeutig zu bestimmen, was die Ursache und was die Wirkung ist. Es kann sein, dass die Arbeitslosigkeit depressive Verstimmungen verursacht; es ist aber auch möglich, dass depressive Verstimmungen das Entstehen von Arbeitslosigkeit begünstigen. In anderen Zusammenhängen kann das gleichzeitige Auftreten von Ereignissen auf eine (übersehene) gemeinsame Ursache hinweisen. Beispielsweise verursacht

Fieber keine Halsschmerzen. Vielmehr können beide Symptome eine gemeinsame Ursache, etwa ein virale Infektion, haben.

Kausale Fehlschlüsse treten weiterhin auf, wenn aus der zeitlichen Abfolge von Ereignissen auf Kausalität geschlossen wird (sog. Post-hoc-Fehler). Wenn jemand nach Arbeitsplatzverlust krank wird, heißt das nicht, dass die Krankheit durch den Verlust der Arbeit hervorgerufen wurde. Selbst wenn aufgrund von empirischen Studien eine solche Kausalannahme eine gewisse Plausibilität hat, heißt das keineswegs, dass man Arbeitsplatzverlust als einzige und hinreichende Ursache für Erkrankungen bewerten darf. Umgekehrt ist oft nicht eine einzige Ursache (etwa ein Infektion mit Erregern) für den Ausbruch einer Krankheit verantwortlich. Bei Infektionskrankheiten ist das vermehrte Vorkommen von Erregern nur eine notwendige, keine hinreichende Krankheitsursache (so spielen oft das Immunsystem, Vorerkrankungen, augenblickliche körperliche Verfassung, Umweltfaktoren eine Rolle, ob eine Krankheit ausbricht).

3.4.7 Analogiefehler

Analogien oder Metaphern werden häufig genutzt, um Zusammenhänge verständlich und anschaulich darzustellen.Ein Beispiel ist das bekannte Atommodell von Niels Bohr, das den Aufbau des Atoms in Analogie zum Sonnensystem visualisiert.

Analogien können jedoch auch irreführend sein, wenn man sie „wörtlich" nimmt und die Eigenschaft/en des einen Sachverhalts als Eigenschaft/en des anderen Sachverhalts ausgibt, um eine Schlussfolgerung dadurch zu rechtfertigen. Ein weithin bekanntes Beispiel für solche unzulässigen Analogien ist die lange Zeit beliebte Ausdruckskunde, die erstens Tieren bestimmte menschliche Eigenschaften zuschrieb („dummes Schaf") und zweitens aus scheinbaren Ähnlichkeiten eines Menschen mit einer Tierart (mit den ihr zugeschriebenen Eigenschaften) auf die Eigenschaften des Menschen schloss („er hat einen Schafskopf, also ist er ein dummer Mensch").

Beispiel: *Ein Staat ist wie ein Schiff, auf dem der Präsident ein Kapitän ist. Ebenso wie die Anweisungen des Kapitäns unbedingt Folge zu leisten ist, sollte der Präsident der Loyalität der Bürger sicher sein.*

Diese Analogie ist schwach und irreführend, da sich Staaten doch sehr stark von Schiffen unterscheiden und die Situation auf Schiffen nicht mit der Situation eines

Landes zu vergleichen ist (Notwendigkeit strikter Entscheidungen auf Schiffen wegen stets möglicher Gefahren versus verfassungsmäßig geforderte und wünschenswerte Beachtung demokratischer Prinzipien durch einen Präsidenten). Deswegen kann die Analogie auch nicht herangezogen werden, um undemokratische Verhältnisse zu rechtfertigen.

3.5 Aufgaben zu induktiven Methoden

Im Folgenden sind Aufgaben wiedergegeben, die auf unterschiedliche Weise induktives Argumentieren einüben. Die Lösungen bzw. Lösungsvorschläge zu den Aufgaben befinden sich im nachfolgenden Kapitel Abschnitt 3.6. Die Aufgaben entstammen teilweise eigenen Überlegungen, zum Teil handelt es sich um Übertragungen aus Bierman und Assali (1996). Dieser Monographie können gegebenenfalls weitere Aufgaben entnommen werden.

▶ **K. Aus den Informationen in den nachfolgenden Aussagen ist eine Hypothese zu formulieren. Welche zusätzlichen Informationen könnten die formulierte Hypothese noch stärker unterstützen? Welche zusätzlichen Informationen könnten die formulierte Hypothese fragwürdig erscheinen lassen?**

K.1 Zehn Augenzeugen sagten, dass sie Tim aus dem Raum rennen sahen, in dem Silke erschossen wurde, und dass er eine Pistole in der Hand hatte. Alle zehn Zeugen hörten Tim rufen, dass er froh über Silkes Tod war.

K.2 Karins Schulnoten sind sehr schlecht. Sie ist nervös und benimmt sich komisch. Sie wurde schon oft in Mirkos Gesellschaft gesehen. Dieser wurde letztes Jahr wegen Drogenmissbrauchs von der Schule verwiesen.

K.3 Sechs der Antworten auf die zehn Fragen waren in Thorbens und Nikos schriftlicher Klausur exakt gleich.

K.4 Zwanzig Restaurantbesucher, die am Donnerstagabend im Restaurant „Nirwana" gegessen hatten, wurden schwer krank und mussten im Krankenhaus behandelt werden. Alle zwanzig hatten rohe Muscheln gegessen.

▶ **L. Die nachfolgenden „statistischen" Argumente sind in eine syllogistische Form zu bringen. Wenn ein Argument nicht nach dem syllogistischen Modell rekonstruiert werden kann, dann sollte erklärt werden, wieso das nicht geht. Außerdem soll begründet werden, welche Argumente akzeptabel sind und welche nicht.**

L.1 Da 85 Prozent der 1 600 Studenten ihren Abschluss geschafft haben, und Dennis und Bruno Studenten dieses Jahrgangs waren, haben sie wohl ihren Abschluss geschafft.

L.2 Eine Freundin sagt zu Nina: Eltern lieben ihre Kinder. Wie auch immer deine Eltern sich verhalten, denke einfach dran, dass sie dich lieben.

L.3 Die meisten Leute, die in Bremen-Oberneuland leben, sind wohlhabend. Es ist also wahrscheinlich, dass die Familie, die neben den Beckmanns in Oberneuland wohnt, wohlhabend ist.

L.4 Da neun der verbliebenen zehn Karten im Stapel Karos sind, wird die nächste gezogene Karte eine Karokarte sein.

▶ **M. Beschreibe und beurteile die Struktur der in den folgenden Aufgaben aufgeführten induktiv-diagnostischen Argumente! Wie im „Masern"-Beispiel aufgezeigt, sollen die als Evidenz berücksichtigten Prämissen, die Randbedingungen und die herangezogenen Hilfshypothesen genannt werden, die zur Folgerung (zur Diagnose) führen.**

M.1 Der Patient litt vor der Einweisung ins Krankenhaus drei Wochen lang an Übelkeit, Erbrechen und Haarausfall. Auf seinem Körper sind offene Wunden zu sehen. Wir wissen auch, dass er im letzten Jahr in einem Atomreaktor gearbeitet hat. Diese Hinweise lassen darauf schließen, dass er an einer Strahlenvergiftung leidet. Natürlich müssen wir noch weitere Tests machen.

M.2 Nur zwei Leute waren in der Bank, kurz bevor sie schloss, Willi und Fred. Die Polizei glaubt, dass die einzigen Personen, die den Bankschalterbeamten ausrauben und erschießen konnten, um diese Zeit in der Bank gewesen sein mussten. Von Willi wissen wir, dass er sich lange gegen den Besitz von Pistolen eingesetzt hat, von Fred wissen wir, dass er Mitglied der Schusswaffenlobby ist. Es ist am wahrscheinlichsten, dass Fred den Bankschalterbeamten erschossen hat. Außerdem stehen Freds Augen eng zusammen und seine Ohren sind klein, beides Anzeichen einer kriminellen Veranlagung.

M.3 Sebastians Gesichtsausdruck wirkt verstört und er errötet. Man sagt, dass er in Gegenwart unbekannter Frauen leicht verlegen wird. Da er gerade mit Tina spricht und er Tina nicht kennt, können wir schließen, dass er wahrscheinlich verlegen ist. Das würde auch erklären, warum er die ganze Zeit zum Ausgang schaut.

▶ **N. Bei den nachfolgenden Aufgaben sollen im ersten Schritt die Struktur der Argumente wiedergegeben und dabei die Form der induktiven Verallgemeinerung beachtet werden. Im zweiten Schritt soll diskutiert werden, welche Probleme (Repräsentativität, Relevanz etc.) sich bei den Schlussfolgerungen ergeben. Wenn möglich, soll eine Schlussfolgerung formuliert werden, die besser von den Daten gestützt wird.**

N.1 Im Gegensatz zu den Aussagen einiger Politiker behaupten wir, dass ein Großteil der Studierenden in Deutschland fünf bis zehn Stunden pro Tag verbringt, um sich zu Hause mit universitären Aufgaben zu beschäftigen. Wir haben 200 Studierende der Universität Bremen befragt, wie viel Zeit von ihnen zu Hause für universitäre Aufgaben aufgebracht wird. Das Resultat: 175 der Studierenden antworteten, sie bräuchten in etwa fünf bis zehn Stunden für solche Aufgaben; 20 Studierende meinten sie, sie benötigten weniger Zeit; 5 Studierende machten überhaupt keine Angaben. Die Umfrage wurde ausschließlich bei Bachelor-Studierenden beim Verlassen der Universitätsbibliothek Bremen an drei Wochenenden durchgeführt.

N.2 Zwanzig Prozent von 1000 von in Deutschland zufällig ausgewählten Studierenden sagen, dass sie der Ansicht sind, die Bundeskanzlerin mache gute Arbeit beim Versuch die angeschlagene Wirtschaft wieder anzukurbeln. Darauf basierend lässt sich schließen, dass die Zustimmung zur Arbeit der Bundeskanzlerin in der deutschen Bevölkerung, bezogen auf die Wirtschaft, klar unter 25 Prozent liegt.

N.3 Es ist tatsächlich wahr, was über Motorradfahrer gesagt wird: Sie sind die asozial, haben schlechte Manieren und neigen zur Gewaltbereitschaft. Wir gingen zu einer Versammlung der Hells Angels in Bremen. Von den zwanzig interviewten Bikern verbüßten fünf schon einmal Haftstrafen, zehn drohten uns, bevor sie antworteten. Die restlichen vier weigerten sich, die Fragen zu beantworten, und schmissen uns gewaltsam raus.

N.4 Verbraucherschützer und Umweltverbände führen die Öffentlichkeit in die Irre, was die Qualität deutscher Autos betrifft. Deutsche Autos haben in der ganzen Welt die beste Qualität. In einer Studie des Herstellerfachverbandes für deutsche Autos wurden 1000 Autos der deutschen Autokonzerne Mercedes Benz, BMW und Audi auf Energie-Probleme untersucht. Nur bei zwei Autos (von 1000) wurde ein großes Energieproblem festgestellt. Daher sind deutsche Autos die besten der Welt.

▶ **O. Es soll bei den nachfolgenden Aufgaben mitgeteilt werden, welche Fakten die jeweilige Behauptung stützen oder erschüttern könnten. Zu erläutern ist außerdem, welche Schwierigkeiten bei der Beweisführung entstehen!**

O.1 Das Essen in der Schulmensa wird nur von den 5. und 6. Klassen eingenommen.

O.2 Schüler verwenden mehr Zeit darauf, um zu lernen als um Musik zu hören.

O.3 Vier von fünf Ärzten empfehlen Aspirin-Tabletten bei Kopfschmerzen.

O.4 Ich bin in der Lage, Bundeskanzler/in von Deutschland zu werden.

▶ **P. Identifiziere und benenne die Fehler in den Argumenten und begründe, wieso es zu diesen Fehlern kommt! Es soll also festgestellt werden, mit welchen (fragwürdigen) Aussagen der Adressat des Arguments von dessen Plausibilität überzeugt werden soll.**

P.1 Es ist evident. Sven hat immer sehr hart gearbeitet. Er ist ein anständiger junger Mann, immer höflich, freundlich und sagt nie etwas Negatives über andere. Von daher ist er bestens qualifiziert, um Medizin zu studieren.

P.2 Niemand, der vernünftig ist, möchte in San Francisco leben. Es ist dort meistens neblig und feucht. Wegen der extremen Höhenunterschiede in der Stadt wird das Autofahren zu einem Alptraum. Außerdem besteht die Gefahr, dass die Stadt von einem Erdbeben heimgesucht wird.

P.3 Drogenkonsum, etwa das Spritzen von Morphin oder von anderen Opiaten, kann schnell süchtig machen. Von daher ist es Unsinn, wenn jemand erzählt, dass der Arzt seinem kranken Nachbarn Morphin verschrieben hätte. Der Nachbar sollte sich lieber vor der Sucht schützen.

P.4 Ich habe vorhin gesehen, wie eine junge Frau einzuparken versuchte. Sie ist mehrmals gegen die Bordsteinkante gefahren und hat sogar ein anderes Fahrzeug gerammt. Ich würde deshalb nie wieder mein Auto Frauen leihen, da diese nicht einparken können und nur Unfälle verursachen.

P.5 Wenn Norbert Alkohol trinkt, kann man mit ihm kaum etwas anfangen. Er ist unglücklich, kündigt an, seinen Job aufzugeben, oder meint, das Leben habe keinen Sinn mehr. Er sollte unbedingt aufhören zu trinken. Denn das Trinken macht ihn zum Problemfall.

P.6 Wenn man den Kopf vom Körper abtrennt, können die anderen Organe nicht funktionieren und der Mensch stirbt. Ähnlich ist es, wenn der Kopf des Staates fehlt, dann wird der Staat allmählich versagen oder eventuell leichte Beute für die Nachbarstaaten werden. Aus diesem Grund ist es nie vorteilhaft, die etablierte Regierung eines Staates zu stürzen.

3.6 Lösungen zum induktiven Argumentieren

3.6.1 Aufgabengruppe K

Lösung von Aufgabe K.1
Die Hypothese könnte lauten: Tim erschoss Silke
Stützende Informationen:
- die Pistole, die Tim in der Hand hielt
- Augenzeugenberichte
- Tims Äußerung

Zusätzlich stützende Informationen könnten sein:
- genauere Informationen über Tims Motiv
- wenn niemand anderes beim Verlassen des Tatorts gesehen wurde

Entkräftende Informationen:
- falls Untersuchungen ergeben, dass Silke mit einer anderen Pistole erschossen wurde
- falls sich nachweisen lässt, dass alle zehn Zeugen Mitglieder einer Gang waren, die sich gegen Tim verschworen hatte

Lösung von Aufgabe K.2
Mögliche Hypothese: Karin ist drogenabhängig
Stützende Informationen:
- Karins Verhalten könnten Symptome des Drogenentzugs sein, den sie während des Nichtkonsums in der Zeit des Unterrichts durchlebt
- Karin hat schlechte Noten, weil ihre Konzentration auf Drogenkonsum gerichtet ist und weil sie durch den Drogenkonsum auch schon kognitiv beeinträchtigt ist

Zusätzlich stützende Informationen könnten sein:
- Nachweise von Drogenspuren im Blut/Gewebe von Karin
- weitere körperliche Symptome wie Augenpupillenveränderungen oder Zittern

Entkräftende Informationen:
- negativer Befund der ärztlichen Untersuchung
- Karins nachweisliche Sorge um Mirko
- Feststellung anderer, familiärer Probleme

Lösung von Aufgabe K.3

Mögliche Hypothese: Thorben und Niko haben voneinander abgeschrieben
Stützende Informationen:

- Thorben und Niko haben zum Teil gleiche Antworten formuliert

Zusätzlich stützende Informationen könnten sein:

- Thorben und Niko saßen während der Prüfung nebeneinander
- die beiden haben schon immer voneinander abgeschrieben
- der Wortlaut der Antworten und die Fehler sind genau gleich
- sie haben während der Klausur miteinander getuschelt

Entkräftende Informationen:

- Thorben und Niko saßen während der Prüfung nicht nebeneinander
- sie haben gemeinsam für die Klausur gelernt und sich beim Lernen gleiche Formulierungen eingeprägt

Lösung von Aufgabe K.4

Mögliche Hypothese: Die Muscheln im „Nirwana" waren verdorben.
Stützende Informationen:

- zwanzig Restaurantbesucher mit denselben schweren Krankheitssymptomen
- Verzehr von rohen Muscheln durch alle erkrankten Restaurantbesucher

Zusätzlich stützende Informationen könnten sein:

- rohe Lebensmittel sind oft Träger von Krankheitserregern
- rohe Meeresfrüchte sind leicht verderblich

Entkräftende Informationen:

- falls eine Überprüfung des Gesundheitsamtes andere hygienische Mängel des Restaurants entdeckt
- falls sich die Symptome der Erkrankten stark unterscheiden

3.6.2 Aufgabengruppe L

Lösung von Aufgabe L.1

Prämissen:

- 85 % der 1 600 Studenten haben ihren Abschluss geschafft
- Dennis und Bruno waren Studenten dieses Jahrgangs

Folgerung: Dennis und Bruno haben ihren Abschluss geschafft.

Die Wahrscheinlichkeit ist hoch, dass die Folgerung wahr ist. Denn die Prämisse spricht von einem hohen Anteil an erfolgreichen Abschlüssen. Sofern Dennis und Bruno also keine besonderen persönlichen oder lernbezogenen Probleme hatten, ist die Konklusion wahrscheinlich richtig.

Lösung von Aufgabe L.2

Prämissen:

- alle Eltern lieben ihre Kinder
- deine Eltern sind Eltern, egal wie sie sich verhalten

Folgerung: deine Eltern lieben dich.

Die Annahme, dass alle Eltern ihre Kinder lieben, beruht auf persönlichen Erfahrungen und/oder auf gesellschaftlichen Normvorstellungen. Eindeutige empirische Belege für diese Allaussage gibt es nicht. Hinzu kommt, dass beim Merkmal „Liebe" nicht eindeutig definiert ist, welches Verhalten damit gemeint ist. Deswegen ist der dargestellte statistische Syllogismus problematisch.

Lösung von Aufgabe L.3

Prämissen:

- Die meisten Leute, die in Oberneuland leben, sind wohlhabend
- Die Beckmanns wohnen in Oberneuland

Folgerung: Die Familie, die neben den Beckmanns wohnt, ist wohlhabend.

Die allgemeine Prämisse ist statistisch nicht abgesichert. Es handelt sich eher um eine Annahme, die aus alltäglichen Erfahrungen resultiert, wonach Oberneuland als ein „reicher Stadtteil" gilt. Es ist bekannt, dass die Häuser in Oberneuland recht teuer sind. Es wird zudem in dem Text von der Kenntnis einer Familie ausgegangen, die anscheinend wohlhabend ist. Die Konklusion besitzt deshalb eine gewisse Wahrscheinlichkeit zuzutreffen, auch wenn sie nur auf plausiblen Annahmen beruht.

Lösung von Aufgabe L.4

Prämissen:

- 9 der 10 Karten im Stapel haben die Farbe Karo
- Die nächste Karte, die gezogen wird, ist eine der verbliebenen 10 im Stapel

Folgerung: die nächste Karte, die vom Stapel gezogen wird, ist eine Karokarte.

Die Konklusion hat hier die Gestalt einer Prognose. Wenn die Karten im Stapel nicht manipuliert wurden, haben wir es mit einem starken Argument zutun. Die Chancen stehen 9 zu 1, dass die Konklusion wahr ist.

3.6.3 Aufgabengruppe M

Lösung von Aufgabe M.1

Auf Teilen des Körpers des Patienten sind offene Wunden Er litt drei Wochen lang an Haarausfall, Übelkeit und Erbrechen	Evidenz
Er hat im letzten Jahr in einem Atomreaktor gearbeitet	Rahmenbedingung
Eine übermäßige Exposition von radioaktiven Stoffen kann die Strahlenkrankheit unter anderem mit den genannten Symptomen des Patienten verursachen	Hilfshypothese
Beim Patienten besteht ein Verdacht, an der Strahlenkrankheit zu leiden	Folgerung

Lösung von Aufgabe M.2

Willi und Fred waren die einzigen Personen in der Bank, kurz bevor sie schloss	Evidenz
Willi hat sich lange gegen den Besitz von Pistolen eingesetzt Fred ist Mitglied der Schusswaffenlobby Fred hat die Physiognomie eines geborenen Kriminellen	Rahmenbedingungen
Es ist wahrscheinlicher, dass ein Schusswaffenbefürworter einen Tötungsdelikt mit einer Schusswaffe begeht (zumal, wenn er eine entsprechende Physiognomie hat) als ein Schusswaffengegner	Hilfshypothese
Fred hat den Bankschalterbeamten erschossen	Folgerung

Die Hilfshypothese ist wenig stichhaltig. Die Befürwortung von Schusswaffen wird (in den USA) damit begründet, dass sie eine Schutzmaßnahme gegen Verbrechen ist. Ein Waffenlobbyist ist von daher kein potenzieller Raubmörder. Die

Rahmenbedingung, die sich auf das Aussehen von Fred bezieht, kann nicht als rationale Grundlage für eine Hypothese gelten. Damit verliert auch die Folgerung, dass Fred den Beamten erschossen hat, an Plausibilität.

Lösung von Aufgabe M.3

Sebastians Gesichtsausdruck wirkt verstört	Evidenz
Sebastian errötet	
Sebastian schaut zum Ausgang	
Sebastian spricht gerade mit Tina	Rahmenbedingungen
Sebastian kennt Tina nicht	
Sebastian wird in Gegenwart ihm unbekannter Frauen verlegen	Hilfshypothese
Sebastians Verhalten ist ein Ausdruck der Verlegenheit gegenüber ihm unbekannter Frauen	Folgerung

3.6.4 Aufgabengruppe N

Lösung von Aufgabe N.1

Die Folgerung (Verallgemeinerung) ist: Studierende in Deutschland beschäftigen sich fünf bis zehn Stunden pro Tag zu Hause mit universitären Aufgaben. Die Folgerung stützt sich dabei auf Befragungsergebnisse von 200 Studierenden der Universität Bremen. Vorausgesetzt, dass die Befragung unter Einhaltung methodologischer Standards durchgeführt wurde, kann man der Studie Bedeutsamkeit für die Hypothese zusprechen. Allerdings sind die Umstände der Befragung zu beachten: Beschränkung auf eine Universität, Beschränkung auf Bachelor-Studierende, Ort und Zeitpunkt der Befragung (nur der fleißigere Anteil der Studierenden wird am Wochenende die Universitätsbibliothek aufsuchen). Von daher handelt es sich bei der Folgerung um eine Übergeneralisierung. Besser durch die Untersuchungsdaten gestützt wäre die folgende Schlussfolgerung: Ein Großteil der Bachelor-Studierenden in Bremen benötigt in etwa 5 bis 10 Stunden pro Tag zu Hause für universitäre Aufgaben.

Lösung von Aufgabe N.2

Die Folgerung (Verallgemeinerung) ist: Die Zustimmung zur Wirtschaftspolitik der Bundeskanzlerin in der deutschen Bevölkerung liegt unter 25 %.

Die Folgerung stützt sich auf die Umfrageergebnisse bei 1000 Studierenden. Die untersuchte Stichprobe ist zwar relativ groß, aber nicht repräsentativ für die deutsche Bevölkerung. Zudem weiß man um die zeitliche Instabilität der Ergebnisse von Meinungsumfragen (z. B. deren Abhängigkeit von der aktuellen Tagespolitik). Besser durch die Untersuchungsdaten gestützt wäre die folgende Schlussfolgerung: Die überwiegende Mehrheit von deutschen Studierenden lehnt die Wirtschaftspolitik der Bundeskanzlerin ab.

Lösung von Aufgabe N.3
Die Folgerung (Verallgemeinerung) ist: Motorradfahrer sind asozial …
Zur Untermauerung der Hypothese wird auf den Versuch einer Befragung bei einer Biker-Gang einer Stadt verwiesen. Dass fünf der Fahrer bereits Haftstrafen verbüßt haben, lässt per se nicht auf Gewaltbereitschaft schließen (das ist von den Delikten abhängig). Ebenso weiß man nichts über die Umstände der mangelnden Mitwirkungsbereitschaft der Fahrer am Rande einer Versammlung. Es ist außerdem und vor allem völlig unzulässig, eine spezielle und kleine Teilgruppe von Bikern als repräsentativ für alle Motorradfahrer anzusehen. Aufgrund der vorgelegten Informationen und Daten lässt sich deshalb keine vernünftige Alternativhypothese oder Folgerung formulieren.

Lösung von Aufgabe N.4
Die Folgerung (Verallgemeinerung) ist: Deutsche Autos sind die besten der Welt. Die Folgerung ist als Alternativhypothese zur Kritik von Verbraucherschützern und Umweltverbänden an der Qualität deutscher Autos formuliert. Auf die Inhalte dieser Kritik geht die Gegenargumentation jedoch nicht oder allenfalls teilweise ein. Die Folgerung stützt sich allein auf eine Untersuchung von 1000 Autos deutscher „Nobelmarken", die vom Herstellerfachverband durchgeführt wurde, wobei sich kaum „Energieprobleme" zeigten. Diese Vorgehensweise ist problematisch: Man darf unterstellen, dass der Herstellerfachverband parteilich ist, was Design und Ergebnisse der Untersuchung beeinflusst haben könnte. Es wurden zudem nur bestimmte Fabrikate untersucht. Schließlich lässt sich aus einer Einzelstudie über Energieprobleme von Autos keine allgemeine Aussage über die energetische Problematik von Automobilen treffen, schon gar nicht über die (mehrdimensional zusammengesetzte) Qualität von Automobilen. Eine halbwegs vertretbare Schlussfolgerung aufgrund der Untersuchung könnte lauten: Nur 0,2 % der deutschen Autos von Premiumherstellern weisen Energieprobleme auf.

3.6.5 Aufgabengruppe O

Lösung von Aufgabe O.1
Das Essen in der Schulmensa wird nur von den 5. und 6. Klassen eingenommen.
Stützende Fakten und Daten für die Behauptung könnten gewonnen werden über:
Schülerbefragungen, Befragung des Küchenpersonals, Befragung der Lehrkräfte,
Beobachtungen in einem gewissen Zeitraum.
Schwierigkeiten:
Befragungen und Beobachtungen liefern immer nur Ergebnisse über einen bestimmten Zeitraum.

Lösung von Aufgabe O.2
Schüler verwenden mehr Zeit darauf, um zu lernen als um Musik zu hören.
Stützende Fakten und Daten für die Behauptung könnten gewonnen werden über:
Schülerbefragungen, Elternbefragungen, Schülertagebuch.
Schwierigkeiten:
Die Behauptung bezieht sich auf Schülerinnen und Schüler generell, d. h. zur empirischen Überprüfung der Behauptung wären umfangreiche Erhebungen in den verschiedensten Altersgruppen und Schulformen erforderlich. Darüber hinaus ist es schwierig, über Befragungen die tatsächlich verausgabten Zeiträume zu ermitteln. Hierfür wäre ein (vorstrukturiertes) Schülertagebuch geeigneter; hier muss allerdings damit gerechnet werden, dass die täglichen Eintragungen durch die Schüler deren Verhalten beeinflussen. An ein Teilergebnis wird bei der Behauptung überhaupt nicht gedacht, nämlich an die Schüler, die regelmäßig beim Lernen Musik hören (ob dies dem Lernen zuträglich ist, spielt hier keine Rolle). Schließlich könnten bei sämtlichen Erhebungsmethoden die Lernzeiten wegen des Faktors „soziale Erwünschtheit" überschätzt werden.

Lösung von Aufgabe O.3
Vier von fünf Ärzten empfehlen Aspirin-Tabletten bei Kopfschmerzen.
Stützende Fakten und Daten für die Behauptung könnten gewonnen werden über:
Patienten-, Apotheker-, Arztbefragungen; Erhebungen der Krankenkassen; Vergleich der Verkaufszahlen von Unternehmen, die Schmerzmittel herstellen.
Schwierigkeiten:
Die Überprüfung der Behauptung ist nicht einfach. Patientenbefragungen sind hier wenig verlässlich. Die Recherche-Möglichkeiten bei den anderen Gruppen/Institutionen unterliegen vielfachen Beschränkungen, die vor einer Erhebung zu klären wären: Betriebsgeheimnisse, Schweigepflicht, wettbewerbsrechtliche Fragen.

Lösung von Aufgabe O.4
Ich bin in der Lage, Bundeskanzler/in von Deutschland zu werden.
Stützende Fakten und Daten für die Behauptung: Rechtlich gesehen, besteht in einer Demokratie für jeden erwachsenen Bürger die Möglichkeit, Bundeskanzler/in zu werden. Faktisch müssen jedoch eine ganze Reihe von Bedingungen erfüllt sein, damit das Eintreten des Ereignissen eine gewisse Wahrscheinlichkeit besitzt: Parteizugehörigkeit, Mehrheit der eigenen Partei im Parlament, erfolgreiche Parteikarriere, belegte politische und geistige Kompetenzen u. v. m.

3.6.6 Aufgabengruppe P

Lösung von Aufgabe P.1
Sekundärtugenden und Eignung Medizinstudium
Es handelt sich hier um eine irrelevante Schlussfolgerung. Die geschilderten positiven Charaktereigenschaften von Sven sind zwar nicht hinderlich, aber auch nicht ausreichend und nicht notwendig als Eignungsvoraussetzungen für ein Medizinstudium. Einer solchen Argumentation sollte man als Adressat nicht zustimmen.

Lösung von Aufgabe P.2
Nachteile des Wohnens in San Francisco
Bei der Ablehnung von San Francisco als Wohnort werden nur negative Informationen herangezogen, positive Informationen hingegen zurückgehalten. Die argumentierende Person konzentriert sich also nur auf die ungünstigen Merkmale der Stadt. Der gesunde Menschenverstand spricht dafür, dass nicht alles an dieser Stadt schlecht sein kann; sonst würden nicht so viele Menschen dort wohnen wollen. Es ist auch nicht vertretbar, allen diesen Menschen Unvernunft zu attestieren.

Lösung von Aufgabe P.3
Opiatverordnung bei Kranken
Es wird in der Aussage eine Verallgemeinerung vorgenommen, die Ausnahmen von der Regel ignoriert. Die argumentierende Person weiß offenbar nicht, dass Morphin unter Umständen positive Auswirkungen (Schmerzlinderung) besitzt und nach strenger ärztlicher Indikation verabreicht werden darf. Stattdessen wird starr an der generell richtigen Aussage über das Suchtpotenzial von Morphin festgehalten. Man kann der argumentierenden Person zugutehalten, dass sie das Abhängigkeitsproblem kennt, das auch bei kontrollierter Einnahme durch den Arzt entstehen kann.

Lösung von Aufgabe P.4
Einparkprobleme einer Frau
In dem Beispiel wird überaus vorschnell generalisiert. Wenn eine beobachtete Frau beim Einparken Schwierigkeiten hat und einen Unfall verursacht, dann kann das kein Beweis für die generelle Untauglichkeit weiblicher Autofahrer sein. Die Überzeugung dieser Person beruht auf Vorurteilen oder zumindest auf einem vordergründigen Vorwand, um ihr Auto nicht zu verleihen.

Lösung von Aufgabe P.5
Alkoholkonsum und persönliche Probleme
Wenngleich die Aussage plausibel klingt, so enthält sie jedoch eine ungeprüfte Annahme über Ursache und Wirkung. Es besteht bei Norbert offensichtlich eine enge zeitliche Beziehung zwischen Alkoholkonsum und seiner schlechten psychischen Befindlichkeit. Die Schlussfolgerung, dass der Alkoholkonsum für die Befindlichkeit verantwortlich ist, ist jedoch unzulässig. Gleichermaßen ließe sich plausibel schlussfolgern, dass die schlechte psychische Befindlichkeit Norbert dazu verführt, zur Flasche zu greifen.
Der argumentative Fehler fällt in diesem Fall möglicherweise nicht auf, da Ursache und Wirkung nur unzureichend zu trennen sein dürften. Hinzu kommt, dass Alkoholkonsum auch im Falle des Zutreffens der alternativen Folgerung (Alkoholkonsum als Folge der Befindlichkeitsstörung) keine hilfreiche Handlungsstrategie ist.

Lösung von Aufgabe P.6
Analogie zwischen Staatsregierung und menschlichem Organismus
Es handelt sich hier um einen fehlerhaften Analogieschluss. Der Fehler besteht darin, dass die Funktionen des menschlichen Kopfes wörtlich auf den „Kopf" des Staates übertragen werden. Ein Staat ist nur bedingt mit einem Individuum vergleichbar, das stirbt, wenn ein lebenswichtiges Organ fehlt. Ein Staat umfasst viele Funktionen und „Organe", die von einer Vielzahl von Akteuren und weitgehend unabhängig von den jeweiligen Akteuren ausgeübt werden. Von daher verliert ein Staat nicht notwendig seine Funktionstüchtigkeit oder ist vom Untergang bedroht, wenn die aktuellen Akteure abgewählt oder gestürzt werden.

Wertende Argumentation 4

Argumente zu formulieren oder zu prüfen, die Werte *(Values)* oder Wertungen beinhalten, provoziert nicht selten Kontroversen. Wertende Aussagen, d. h. Werturteile sind grundsätzlich strittig und können nicht wie Aussagen über Fakten eindeutig (deduktiv) oder mit einer gewissen Wahrscheinlichkeit (induktiv) als wahr oder triftig behauptet werden (vgl. Ennis 1996, S. 293). Dennoch ist die Auseinandersetzung mit dieser Problematik unumgänglich, da in den meisten unserer Aussagen und Argumente im Alltag Werte und Wertungen artikuliert werden.

In wissenschaftstheoretischen Auseinandersetzungen findet man Positionen, denen zufolge soziale Praxen generell auf (impliziten) Normen beruhen und damit stets auf Werte Bezug nehmen (Brandom 2000). Auch die gegenteilige Position ist zu finden, dass alle wertenden Aussagen sich letztlich auf faktische Aussagen zurückführen lassen. Unabhängig von diesen theoretischen, manchmal auch sophistischen Streitfragen ist es aber in den meisten praktisch relevanten Fällen möglich und wünschenswert (!), faktische und wertende Aussagen und Argumente zu unterscheiden.

An einigen Beispielen in Tab. 4.1 wird evident, dass beide Formen der Aussagen oft leicht unterschieden werden können.

Tabelle 4.1 Werte- und Faktenbezug in Behauptungen

Sachaussagen	Wertende Aussagen
I.a *Aktuell lesen mehr Menschen Rosamunde Pilchers Bücher als die von James Joyce*	*I.b* *James Joyce schreibt anspruchsvollere Bücher als Rosamunde Pilcher*
II.a *Nationalsozialisten haben Bücher von missliebigen Autoren öffentlich verbrannt*	*II.b* *Es ist verwerflich, aus politischen Motiven Bücher öffentlich zu verbrennen*
III.a *Hierzulande gehen die meisten Kinder abends später ins Bett als Erwachsene*	*III.b* *Aus entwicklungsphysiologischen Gründen sollten Kinder abends früh ins Bett gehen*

Quelle: Eigene Darstellung

Man findet in der linken Spalte von Tab. 4.1 Aussagen, die wahre oder unwahre Tatsachen behaupten. Die Entscheidung, ob eine Sachaussage wahr oder falsch ist, ist nicht eine Frage des eigenen Wertbezugs, sondern hängt von der Übereinstimmung mit bekannten bzw. überprüften Tatsachen ab. Die Bücherverbrennung der Nationalsozialisten ist historisch belegt (von diesen selbst), die Behauptung über die Schlafgewohnheiten von Kindern widerspricht dagegen der Alltagserfahrung in vielen Familien; möglicherweise gibt es zu den Schlafgewohnheiten von Kindern auch wissenschaftliche Befunde. Und über Bücherverkaufsstatistiken bzw. Lesehäufigkeiten dürften der Buchhandel oder Bibliotheken verlässliche Auskunft geben können. Die durch bestimmte Wertvorstellungen veranlasste Leugnung von Fakten, etwa der Evolution oder des Massenmords durch Nationalsozialisten, kann hier nicht erörtert werden. Die Beschäftigung mit dieser Thematik würde den Rahmen des Lehr- und Studienbuches sprengen.

Dagegen enthalten die Aussagen in der rechten Spalte von Tab. 4.1 wertende Aussagen ganz unterschiedlicher Provenienz. Ist in Beispiel I.b eine ästhetische Bewertung für die Behauptung verantwortlich, spielen für das in Beispiel II.b wiedergegebene Urteil politische und moralische Werte eine Rolle. An Beispiel III.b ist zu erkennen, dass auch wissenschaftliche Aussagen herangezogen werden können, wenn eine Bewertung abgegeben wird. Aber man ersieht auch, dass III.b selbst noch kein Faktum beschreibt.

Das 4. Kapitel setzt sich im vorliegenden Rahmen das Ziel, Anregungen zu geben (und diese durch einige Aufgaben zu unterstützen), um Werturteile und wertende Aussagen in Argumentationen zu erkennen und möglichst vernünftig zu treffen. Diesem Ziel dient bereits die praktisch approximativ mögliche Unterscheidung von Sachaussagen und wertenden Aussagen. Vor allem sollen im Folgenden Vorschläge unterbreitet werden, wie vernünftige, plausible Wertungen in Aussagen, Handlungen und Zielen erreicht werden können. Damit wenden sich die Vorschläge gegen einen Werterelativismus, der nach dem Prinzip ,*Anything goes*' operiert und das Anlegen eines Qualitätsmaßstabs an wertende Argumentationen für unmöglich erklärt oder dem Belieben des Einzelnen überlässt. Trotzdem: „Letzte Sicherheiten" können von den folgenden Vorschlägen nicht erwartet werden.

4.1   Eine Hierarchie der Werte

Bierman und Assali (1996, S. 437 ff.) (und diesen Autoren implizit folgend: Astleitner 1998) entwerfen eine Wertehierarchie, die für die Bewertung von Zielen und Handlungen herangezogen werden kann. Die Autoren unterscheiden universelle moralische Werte auf Hierarchiestufe 3 (wobei sie sich explizit auf Immanuel Kant beziehen) von gruppenbezogenen Wertvorstellungen und Normen (die in der utilitaristischen Ethik behandelt, dort allerdings begrifflich nicht von universellen Normen und Werten unterschieden werden) (Stufe 2) und individuellen Präferenzen (Stufe 1). Alle Wertentscheidungen, die moralisch erlaubt sind (also weder verboten noch verpflichtend sind), beziehen sich auf gruppenbezogene oder individuelle Präferenzen. Dieser Hierarchievorschlag vereinfacht sicherlich die Positionen und Kontroversen innerhalb der praktischen Philosophie, kann aber im Alltag hilfreich sein, wenn Handlungen und Ziele möglichst vernünftig bewertet werden sollen. Es gilt danach also der Grundsatz: Diejenige Handlung/dasjenige Ziel ist unter Alternativen zu wählen bzw. als angemessen zu beurteilen, die/das in der Wertehierarchie höher zu lokalisieren ist. Ich darf also keinen anderen verletzen (moralischer Wert), auch wenn ich dazu Lust und Laune hätte (individuelle Wertsetzung).

Auf der obersten Hierarchie-Ebene lokalisieren die Autoren also universelle moralische Werte, deren Geltung sie mit dem Kategorischen Imperativ von Immanuel Kant begründen *(„Handle nur nach derjenigen Maxime, durch die du zugleich wollen kannst, dass sie ein allgemeines Gesetz werde")*. Bekanntlich werden darunter moralische Normen gefasst wie z. B. niemanden zu töten, die Verpflichtung die Wahrheit zu sagen oder die Würde des Mitmenschen zu achten.

Eine Ebene unter den moralischen Werten liegen für die beiden Autoren Wertpräferenzen von formellen oder informellen Gruppen. In Staaten fallen darunter etwa Ziele und Entscheidungen, die eine Gruppe (die Bürger) insgesamt betreffen und die zum Teil in Gesetzesform gefasst sind. Z. B. ist die Bestechung eines Abgeordneten oder eines Beamten durch einen Lobbyisten als ungesetzlich zu bewerten, wenn die gesetzgebenden Instanzen eines Staates ein entsprechendes Gesetz verabschiedet haben. Interessanterweise unterscheiden sich in dieser Hinsicht Staaten (Bestechung von Abgeordneten ist in der Bundesrepublik Deutschland erst seit Mitte der 1990er Jahre und auch nur eingeschränkt ein Straftatbestand). Allerdings rechtfertigt das Fehlen einer gruppenspezifischen Norm nicht die Bestechung politischer Entscheidungsträger; denn gemessen an höherwertigen, universellen Werten ist Bestechung – gleich, ob legal oder illegal – unmoralischen Handlungen zuzurechnen (was sich nach Bemessen von Bestechung am Kategorischen Imperativ zeigen ließe).

In informellen Gruppen gelten z. b. Freundschaft oder gegenseitige Unterstützung als Ziele selbst oder als Basis gemeinsamer konkreter Ziele (z. b. bezüglich des Naturschutzes oder in Form einer Bürgerinitiative etwa zur Errichtung eines Denkmals). Handlungen, die diesen Zielen dienen, sind vom Standpunkt der jeweiligen Gruppe aus als richtig und als angemessen zu beurteilen.

In großen, vor allem formellen Gruppen (z. B. in Staaten oder auch in sog. Volksparteien) entsteht das Problem, dass die Wertvorstellungen der Mitglieder divergieren (vgl. Bierman und Assali 1996, S. 461 ff.). Bindende Norm könnten dann Vorstellungen der Mehrheit werden, sofern sie in angemessener Weise ermittelt werden (z. B. durch Wahlen). Allerdings ist es ratsam, Spielräume für abweichende Ziele und Handlungen zuzulassen und nicht als „abnorm" zu werten. In bestimmten Gruppen etwa gilt vegane Ernährung als Norm, und Fleischkonsum wird als unzulässig beurteilt. In westlichen, Fleisch konsumierenden Staaten sind sich vegan ernährende Gruppen jedoch in der Minderheit. Einstellungen und Handeln dieser Minderheit könnten von der Mehrheit als „abwegig", aber auch als „zu tolerieren" beurteilt werden. Die Bewertung ist somit abhängig davon, ob die betreffende Normvorstellung der Mehrheit strikt gilt oder Ausnahmen zulässt. Dabei ist stets auch zu berücksichtigen, dass das universelle Recht auf eine Privatsphäre gewahrt wird.

Auf der untersten Ebene der Wertehierarchie sind persönliche Einstellungen und damit verbundene persönliche Wertvorstellungen und Ziele angesiedelt. Es ist jedermann gestattet, persönlichen Zielen und entsprechenden Handlungen Wert beizumessen, sie als gut zu bewerten, andere Ziele und Handlungen als schlecht zu bewerten oder zu bestimmten Zielen keine Einstellung zu haben. Zu lernen, um die Note 1 zu erhalten, ist für jemanden gut, vorausgesetzt, dass er das Ziel durch Lernen erreichen kann. Genauso kann es für jemanden gut sein, wenn er ein naives Landschaftsbild einem Druck von Andy Warhol vorzieht und das Bild kauft, auch wenn Kenner deswegen die Nase rümpfen. Diese persönlichen Werte gelten für die betreffende Person und fallen in deren Entscheidungssphäre, solange und selbstverständlich nur solange diese Ziele und Handlungen nicht Gruppennormen oder moralische Werte tangieren. Wenn der Haupternährer der Familie sich ein teures Auto kauft, weil er dies für sich gut findet, handelt er unzulässig, sofern er durch das Ausschöpfen des verfügbaren Finanzbudgets das Wohlergehen der Familie, etwa eine gute Ausbildung der Kinder oder den Konsum hochwertiger Nahrungsmittel in der Familie gefährdet. Dass mit dem Autokauf auch moralische Debatten entfacht werden können (Umweltgefährdung, globales Wohlstandsgefälle), sei hier nur am Rande erwähnt.

Die Berücksichtigung persönlicher Wertvorstellungen mag auf den ersten Blick banal erscheinen; in gewöhnlichen alltäglichen Entscheidungen spielen persönliche Wertvorstellungen jedoch eine dominante Rolle. Sie sollten aber gegebenenfalls sorgfältig abgewogen werden, auch dahingehend, ob sie mit höherwertigen Wertvorstellungen vereinbar sind.

Im Übrigen weist die von Bierman und Assali favorisierte Wertehierarchie Parallelen zu entwicklungspsychologischen Theorien des moralischen Urteils auf, das sich vom Ausgangspunkt einer egozentrischen Moral über konventionelle (gruppenspezifische) Urteile hin zu einer universellen Moral entwickeln kann (vgl. Kohlberg 2001). Allerdings enthält die Wertehierarchie von Bierman und Assali keine entwicklungspsychologischen Annahmen. Sie dient der Evaluation konkreter wertbezogener Entscheidungen und ist als Hilfsmittel für die Beurteilung von Zielen und Handlungen weniger voraussetzungsvoll als das Bemessen von Werturteilen an einer Entwicklungsnorm.

4.2 Hilfen zur Bestimmung des Werts von Handlungen und Zielen

Um den Wert von Zielen und Handlungen auf möglichst reflektierte und vernünftige Weise zu beurteilen, ist eine gründliche Abwägung der jeweiligen Situation und der möglichen Folgen von Handlungen angezeigt. Es existieren verschiedene Vorschläge, unter Einschluss von deduktiven und induktiven Methoden zu einem überlegten Werturteil in einer gegebenen Situation zu kommen. Hier werden zwei Methoden vorgestellt, um zu vernünftigen wertbezogenen Folgerungen, Urteilen oder Entscheidungen zu gelangen.

4.2.1 Das „Ben Franklin System"

Ennis (1996, S. 302 ff.) stellt unter anderem das „*Ben Franklin System*" vor. Danach wird die Bewertung einer strittigen Situation erleichtert, indem möglichst alle relevanten für und gegen ein Urteil sprechenden Gesichtspunkte explizit einander gegenübergestellt werden. Ennis schlägt eine schriftliche Auflistung dieser Gesichtspunkte vor. Als Gesichtspunkte können angeführt werden:

- Fakten, die in dem einen und in dem anderen Fall eintreten, ausbleiben oder abgeschwächt werden;
- mögliche Konsequenzen der Entscheidung;
- moralische oder gruppenbezogene Wertvorstellungen, die durch das Urteil tangiert werden;
- Praktikabilität der mit dem Urteil verbundenen Konsequenzen.

Die Entscheidung zugunsten einer Alternative hängt davon ab, für welche mehr Gründe sprechen. Dabei lässt sich die unterschiedliche Wichtigkeit von Gründen berücksichtigen, indem wichtige Gründe doppelt gezählt werden. Ergänzend zu dem strittigen Urteil können alternative Entscheidungen aufgeführt werden, die aus bestimmten Gründen verworfen wurden.

Die etwas mechanistisch erscheinende Beurteilungsmethode ist in ihrem Anwendungsspektrum sicherlich eher für strittige Alltagsentscheidungen und Alltagskonflikte geeignet. Komplexe, weitreichende Entscheidungen – etwa das Pro und Contra für die Einführung eines zwei- statt dreigliedrigen Schulsystems oder angemessene Sanktionen bei Jugendkriminalität – können mit dieser Methode nicht getroffen werden. Ein passendes Beispiel könnte dagegen sein:

In der Mensa der Universität/Schule sollten an einem Wochentag nur fleischlose Gerichte angeboten werden.

Tabelle 4.2   Gründe für Urteil über fleischlosen Mensa-Wochentag

FÜR fleischlosen Wochentag	GEGEN fleischlosen Wochentag
(1) Ernährungsphysiologisch sinnvoll	(1a) Aus Gesundheitsgründen ist ein fleischloser Tag nicht bedeutsam
(2) Anregung des einzelnen, etwas für seine gesunde Ernährung zu tun	(2a) Selbstverantwortung des einzelnen für sein Wohlbefinden und für seine Gesundheit
(3) Beitrag zur weltweiten Ressourcenschonung	(3a) Nachhaltige ressourcenschonende Ernährung ist nicht allein eine Frage des Fleischkonsums
(4) Finanzielle Vorteile für die Mensa-Nutzer	(4a) Priorität haben ausgewogene und bekömmliche Mahlzeiten
(5) Aus Gründen des Tierschutzes geboten	(5a) Es niemand gezwungen, in der Mensa Fleisch zu sich zu nehmen

6. Erwägenswerte Alternativen zur Argumentation
a. Abstimmung der Mensa-Benutzer
b. Einheitliche gesetzliche Einführung des fleischlosen Wochentags
c. Ständige Wahlmöglichkeit zwischen Fleisch- und fleischlosen Gerichten

Quelle: Eigene Darstellung

In Tabelle 4.2 sind einige Gründe für und gegen die Argumentation aufgeführt. Wie man der Tabelle entnehmen kann, mögen unterschiedliche Personen zu einem unterschiedlichen Urteil über die exemplarisch vorgestellte Frage kommen, weil sie unterschiedliche Pro- und Contra-Gründe vorziehen oder unterschiedlich gewichten. Auch ist es sicherlich möglich, weitere Argumente für das angeführte Beispiel zu finden. Vorteilhaft an der systematischen Abwägung des Pro und Contra erscheint jedoch, dass keine unüberlegten oder übereilten Entscheidungen getroffen und wichtige Gründe außer Acht gelassen werden. Positiv ist an der vorgeschlagenen Methode weiterhin, Alternativen in Erwägung zu ziehen, insbesondere wenn man sich nicht eindeutig für die in Frage stehende Forderung entscheiden kann.

4.2.2 Systematisierung wertbezogenen Urteilens

Bierman und Assali (1996, S. 403 ff.) rekonstruieren aus dem üblichen Vorgehen bei reflektiert getroffenen Entscheidungen die Elemente, die bei einer Evaluation von Zielen und Handlungen berücksichtigt werden sollten. Die Autoren unterscheiden sieben allgemeine Elemente für solche Evaluationen, um den Kontext der Ziele und Handlungen abzudecken und um zu einer angemessenen Entscheidung zu kommen:

1) Fakten und Gegebenheiten, von denen in der Situation zu auszugehen ist.
2) Angestrebte Ziele (wobei die Ziele selbst angestrebt werden oder aber Etappenziele darstellen, um ein anderes Ziel, etwa ein Letztziel wie „Glück" zu erreichen: Beispielsweise kann das Ziel, im Wald spazieren zu gehen, das übergeordnete Ziel haben, Ruhe und Glück zu empfinden).
3) Die Handlungen, die als Mittel zum Erreichen des jeweiligen Ziels zu betrachten sind.
4) Welche und wie viele andere Menschen von der beabsichtigten Handlung betroffen sein werden.
5) Die Wirksamkeit der Handlung in Bezug auf den Betroffenen selbst und auf andere. Dabei sollten neben den ursprünglich intendierten Wirkungen auch mögliche unbeabsichtigte Wirkungen (Nebenwirkungen) erwogen und abgewogen werden.
6) Die Pro- oder Contra-Einstellungen gegenüber den eigenen Zielen und Handlungen und gegenüber denen anderer.
7) Die Bedeutung der Begriffe, die variieren kann, um Fakten, Handlungen, Personen, Wirkungen und Einstellungen zu verstehen (ein Afrikaner etwa kann mit „Kolonialismus" anderes als ein Europäer verbinden, sowohl in Bezug auf die Einstellung zum Begriff als auch auf dessen Ziele und Wirkungen).

Am Beispiel eines geplanten Autokaufs sollen die sieben evaluativen Schritte kurz erläutert werden.

Fakten: Franz, ein vierzigjähriger Angestellter, lebt in einer Familie mit zwei Kindern. Um zu seiner neuen Arbeitsstelle an einem 35 km entfernter Ort zu gelangen, benötigt er ein neues Auto, zumal sein 20 Jahre altes Automobil nicht mehr verkehrstüchtig ist.

Ziele: Das Auto soll die Vereinbarkeit von Familie und Beruf erleichtern (die Benutzung öffentlicher Verkehrsmittel würde jeden Tag mindestens die dreifache Zeit in Anspruch nehmen). Das Auto soll darüber hinaus auch für die Familienfreizeit nutzbar sein. Franz ist daran gelegen, ein für die vielen Fahrten sicheres und zugleich ein familienfreundliches Auto zu erwerben. Das Ziel des Autokaufs dient also auch dem übergeordneten Ziel von Franz, ein gutes Familienleben zu führen. Ein untergeordnetes Ziel ist für ihn dagegen der Umweltschutz; er möchte die Umwelt möglichst nicht mit Schadstoffen belasten, sieht für sich aber keine Alternative zum Autokauf.

Handlungen: Franz entscheidet sich nach dem Studium von Prospekten und in Absprache mit Frau und Kindern für ein Kombi-Fahrzeug der sog. Mittelklasse, das die notwendigen Sicherheitsmerkmale aufweist und zudem im Verbrauch akzeptabel ist.

Betroffene: In erster Linie ist Franz, in zweiter Linie seine Familie vom Kauf betroffen. Beides hat Franz berücksichtigt, auch dass der Kaufpreis das Familienbudget nicht unangemessen belastet. Vom Pkw-Verkehr sind aber auch die Mitmenschen und die Umwelt betroffen. Franz ist sich dessen bewusst, hat sich aber wegen der Kosten und der Verkehrsinfrastruktur für ein konventionell angetriebenes Fahrzeug entschieden.

Wirksamkeit: Der Kauf des Autos ermöglicht Franz, seine Aktivitäten an seiner neuen Arbeitsstelle zu entfalten. Auch die Familie freut sich, an Wochenenden die Fahrräder auf dem neuen Auto an den Stadtrand befördern zu können. Mögliche weitergehende Nebenwirkungen des Autokaufs sind Franz bewusst („Wenn jeder nur an sich denkt ..."), glaubte jedoch, diese zurückstellen zu können.

Einstellungen: Franz steht seinem Autokauf positiv gegenüber. Obwohl er insgeheim auch ein Autofan war und noch ist, hält er sich aus Rücksicht auf Umweltprobleme zurück, seine Einstellung offensiv zu vertreten und sich hiervon in seiner Entscheidung lenken zu lassen. Beruf und Familie sind ihm wichtiger als die Automarke.

Bedeutung der Begrifflichkeit: Für Franz ist der Autokauf ein notwendiges, aber auch erfreuliches Übel. Ohne ein neues Auto könnte er Familie und Beruf nicht gut vereinbaren. Ihm sind die ökologischen Probleme bewusst, die der Individualverkehr mit sich bringt. Er wägt die Bedeutung materieller und immaterieller Güter gegeneinander ab.

Die Methode und auch das Beispiel scheinen fast selbstverständliche Abwägungsprozesse zu umschreiben, wenigstens für einen reflektiert Urteilenden. Vielfach sind bei persönlichen Wert- und Präferenzentscheidungen die verschiedenen Bewertungsgesichtspunkte jedoch undurchsichtig und bedürfen mitunter der Mithilfe eines Beraters oder – bei ernsthaften persönlichen Konflikten – eines Psychotherapeuten, um Transparenz über Grundlagen biografisch bedeutsamer Wertungen und Entscheidungen herzustellen.

4.3 Moralische Urteile und Kritik

Die Frage, ob und welche moralischen Werte universelle Geltung besitzen, ist seit der Antike Gegenstand philosophischer Kontroversen. Von daher wäre es vermessen in der gebotenen Kürze Vorschläge zu unterbreiten, mit denen über die Moralität von Zielen und Handlungen apodiktisch entschieden werden könnte. Es gibt hierzu in der Philosophie unzählige und umstrittene Detailvorschläge. In der Pädagogik am bekanntesten ist vielleicht der entwicklungspsychologische Ansatz zum moralischen Urteil von L. Kohlberg, der eine Schulung moralischen Urteils unter anderem durch die Auseinandersetzung mit sog. Moralischen Dilemmata propagiert. Auf diesen Ansatz wird nur verwiesen, zumal darin primär das Niveau zu bestimmen versucht wird, das eine Person in seinem moralischen Urteil erreicht hat. Nur mittelbar geht es darin um die Vorbereitung und Prüfung der Moralität von Zielen und Handlungen. Gleichwohl darf man aufgrund der zahlreichen Untersuchungsergebnisse zum Kohlbergschen Ansatz vermuten, dass es einer entwickelten, hohen moralischen Urteilskompetenz bedarf, um die im folgenden Abschnitt skizzierten Prüfungen vorzunehmen.

Für die nachfolgenden Vorschläge zum moralischen Argumentieren und Urteilen, die auf Ausführungen von Bierman und Assali (1996, S. 490 ff.) basieren und dort relativ ausführlich erörtert werden, ist der *Kategorische Imperativ* Immanuel Kants Dreh- und Angelpunkt. Auch wenn der Bezug auf Kant einseitig erscheinen mag, stimmt sein Postulat, sich seines Verstandes zu bedienen, jedenfalls mit der hier vertretenen Zielsetzung überein, auch Fragen der Moral möglichst rational zu bearbeiten. Die moralischen Prinzipien sind nicht einfach vorgegeben; es bedarf zu ihrer Prüfung und Umsetzung der Fähigkeit des Menschen, sich Pflichten aufzuerlegen, mit anderen Worten, den Wert von Handlungen kritisch zu prüfen und danach zu handeln. Inhaltlich ist als moralisches Prinzip vorab nur die ‚Würde‘ der Lebewesen festgelegt, die zu dieser moralischen Leistung – faktisch oder, im Falle von Kindern, potenziell – befähigt sind.

Bierman und Assali bestimmen den moralischen Wert einer Handlung mit verschiedenen „Tests“, wobei als Entscheidungshilfe der Kategorische Imperativ in seinen verschiedenen Fassungen dient, so in der bereits zitierten Fassung: *„Handle nur nach derjenigen Maxime, durch die du zugleich wollen kannst, dass sie ein allgemeines Gesetz werde“.* Zudem wird die sog. Selbstzweckformel des Kategorischen Imperativs herangezogen, *„Handle so, dass du die Menschheit sowohl in deiner Person, als in der Person eines jeden anderen jederzeit zugleich als Zweck, niemals bloß als Mittel brauchst“,* um so das Beurteilungsspektrum zur Bestimmung des Moralwerts von Handlungen zu erweitern.

Ob eine Handlung verboten, erlaubt oder verpflichtend ist, prüft Kant beispielsweise mit einem Universalisierungstest. Damit soll festgestellt werden, ob sich die in Frage stehende Handlung bei ihrer Verallgemeinerung (im Sinne des Kategorischen Imperativs) praktisch noch realisieren lässt oder sich logisch von selbst aufhebt.

In der *„Grundlegung zur Metaphysik der Sitten"* (1785) verdeutlicht dies Kant an einem Beispiel, das er in Form einer Maxime formuliert:

„Wenn ich mich in Geldnot zu sein glaube, so will ich Geld borgen, und versprechen es zu bezahlen, ob ich gleich weiß, es werde niemals geschehen. "

Die Maxime lässt sich nicht verallgemeinern, denn, so Kant, *„die Allgemeinheit eines Gesetzes, dass jeder, nachdem er in Not zu sein glaubt, versprechen könne, was ihm einfällt, mit dem Vorsatz, es nicht zu halten, würde das Versprechen und den Zweck den man damit haben mag, selbst unmöglich machen, indem niemand glauben würde, dass ihm etwas versprochen sei. "* Mit anderen Worten, der Sprechakt des Versprechens verlöre im Falle, dass der geschilderte subjektive Grundsatz zur allgemeinen Regel würde, seine Bedeutung. Demnach ist die mit der geschilderten Maxime verbundene Handlung nicht erlaubt.

Mit Bezug auf die zweite angeführte Formulierung des Kategorischen Imperativs lässt sich zeigen, dass Handlungen, die Menschen – ohne deren Einwilligung – zum Objekt, zum Mittel für eigene Zwecke machen, moralisch nicht gerechtfertigt sind. Dazu gehören etwa Mord, Raub oder Sklaverei. Bei der moralischen Beurteilung solcher Handlungen kommt es nach Kant darauf an, nicht seine Empörung über die Handlung auszudrücken, sondern möglichst logisch zu prüfen, wie die Handlung und die dahinter stehende Maxime moralisch zu bewerten sind. Im Falle des Raubes mag die Handlung einer Person dadurch motiviert sein, dass sich jemand zuvor vom Opfer als stark benachteiligt fühlte. Doch lässt sich die so motivierte Maxime nicht verallgemeinern. Es würde bedeuten, dass jeder, der sich benachteiligt fühlt, zu einem Raub berechtigt ist. Hinzu kommt, dass durch Raub der Täter das Opfer zum bloßen Mittel seiner Ziele macht. Begrifflich ist es unmöglich, als Opfer seine Zustimmung zu geben, ausgeraubt zu werden. Dann würde die Tat nicht mehr Raub, sondern etwas anderes, etwa ein „vorgetäuschtes Verbrechen" oder „Beihilfe zu einem masochistischen Unterfangen" darstellen.

Zusätzliche Überlegungen sind anzustellen, wenn etwa ein mit einer Handlung verfolgtes Ziel zwar gerechtfertigt werden kann, aber andere Wirkungen hinzukommen. Einen Wasserschutzdeich zu bauen, ist ein moralisch unbedenkliches Unternehmen. Wenn aber die Auslegung des Deichs absichtlich (z. B. um den Gewinn zu erhöhen) oder fahrlässig (weil die Berechnungen nicht überprüft wurden) so geplant wird, dass er möglichem Hochwasser nicht hinreichend standhalten kann, dann genügt die Handlung nicht mehr moralischen Prinzipien.

Allerdings zeigen sich auch Grenzen moralischen Räsonierens, wenn der Kategorische Imperativ Kants zu formalistischen Folgerungen verführt. Das ist auch Kant selbst unterlaufen, der in seiner mehrfach kritisierten Schrift „*Über ein vermeintes Recht aus Menschenliebe zu lügen*" (1797) das absolute Verbot zu lügen verteidigt, selbst wenn die Lüge sich an einen potenziellen Mörder richten würde, der fragt, ob die von ihm verfolgte Person sich in das Haus des Befragten geflüchtet habe.

4.4 Aufgaben zur Beurteilung wertender Aussagen

Soweit es sich nicht um relativ einfache einführende Aufgaben handelt, können zu den komplexen Aufgaben keine als abgeschlossen und unstrittig zu bezeichnenden Lösungen vorgelegt werden. Es wird deshalb so verfahren, dass als Aufgaben Beispiele aus den Lehrbüchern von Bierman und Assali und Ennis verwendet werden, so dass man auch deren ausführliche Lösungsvorschläge nachlesen kann. Der Aufgabenteil dieses Kapitels ist somit als Anregung gedacht, sich eigenständig mit wertenden Argumentationen auseinanderzusetzen und die Vorschläge der Autoren bei anderen Themen reflektiert aufzugreifen.

▶ **Q. Bei den nachfolgenden Aufgaben ist zu entscheiden, welche der Aussagen Sachaussagen und welche wertende Aussagen sind. Die richtige Alternative ist anzukreuzen (zu beachten ist: Sachaussagen können falsch, wertende Aussagen mögen unzulänglich sein; sie ändern deshalb aber nicht ihre Zugehörigkeit zu einer der Aussagenklassen).**
(vgl. Ennis 1996, S. 298)

Q.1 Die USA hätten sich aus dem 1. Weltkrieg heraushalten sollen
☐ a) Sachaussage
☐ b) Wertende Aussage

Q.2 Die USA verhielten sich im 1. Weltkrieg neutral
☐ a) Sachaussage
☐ b) Wertende Aussage

Q.3 Die Schweiz verhielt sich im 1. Weltkrieg neutral
☐ a) Sachaussage
☐ b) Wertende Aussage

Q.4 Es ist falsch, Informationen an eine Behörde weiterzugeben, wenn dies einem Freund schadet
☐ a) Sachaussage
☐ b) Wertende Aussage

Q.5 Im Krieg und in der Liebe ist alles erlaubt
☐ a) Sachaussage
☐ b) Wertende Aussage

Q.6 Schüler sind nicht gewillt, dem Lehrer mitzuteilen, dass ein Freund in der Klausur abgeschrieben hat
☐ a) Sachaussage
☐ b) Wertende Aussage

Q.7 Die überwiegende Mehrheit in der Bevölkerung hält sexuellen Missbrauch für ein Verbrechen
☐ a) Sachaussage
☐ b) Wertende Aussage

▸ **R. Zu erläutern ist im Folgenden, auf welcher Hierarchie-Ebene (moralische Werte – gruppenbezogenes Gut – persönliche Präferenz) Werte durch die folgenden Aussagen tangiert bzw. verletzt werden.**

R.1 Jobs für die Deutschen – Türken, geht nach Hause!

R.2 Ich werde mich dafür revanchieren, dass ich von meiner Klasse gemieden werde.

R.3 Ich schätze Gangster-Rap mehr als klassische Musik.

R.4 Nationale Souveränität endet, wenn dort Minderheiten verfolgt und getötet werden.

R.5 Der Gemeinderat beschließt vor dem geplanten Schwimmbad-Bau die Gemeindestraßen zu sanieren, nachdem es schon zu Schäden an Fahrzeugen gekommen ist.

R.6 In der katholischen Kirche bestimmen die kirchlichen Autoritäten, welche Verhütungsmittel ihre Mitglieder verwenden dürfen.

R.7 Ein Mönch ist durch ein Gelübde verpflichtet, ohne persönlichen Besitz zu leben.

➤ S. Wende das „Ben Franklin-System" an, um die Folgerung zu prüfen: Für Hunde sollte im von Kindern stark frequentierten Stadtpark Leinenzwang eingeführt werden.

➤ T. Soweit es möglich ist, sollen für folgenden Fall die von Bierman und Assali vorgeschlagenen sieben Elemente rekonstruiert werden, die vor einer wertbezogenen Entscheidung abzuwägen sind! Hier die Fallvignette (mit dem ersten Element, den Fakten):

Belle ist 20 Jahre alt, unverheiratet, Studentin und schwanger. Aaron weiß, dass er die Freundin geschwängert hat. Er ist 22 Jahre alt, unverheiratet, hat einen Bachelor-Abschluss und einen gut bezahlten Job. Er möchte Belle jetzt nicht heiraten und will auch nicht, dass sie ihr Kind austrägt. Belle und Aaron glauben einander zu lieben.

Überlege, was aus der Perspektive von Belle abzuwägen ist, bevor sie sich für oder gegen einen Schwangerschaftsabbruch entscheidet.

➤ U. Versuche rational zu begründen, warum die nachfolgende Behauptung (bzw. Handlungsmaxime) eines Mitarbeiters am Arbeitsplatz in sich widersprüchlich und deshalb als unmoralisch abzulehnen ist:

„Hält man die Ausbreitung falscher Behauptungen über die Ehrenhaftigkeit eines Konkurrenten für wirksam, damit dieser seinen Arbeitsplatz verliert, wird man z. B. verbreiten: ‚Mitarbeiter X. fälscht Kreditkartenabrechnungen seines Unternehmens.'"

4.5 Lösungshinweise

4.5.1 Aufgabengruppe Q

Ziel der Aufgabengruppe war, Sachaussagen und wertende Aussagen zu unterscheiden.

Lösungen:
Q.1: b) Q.2: a) Q.3: a) Q.4: b) Q.5: b) Q.6: a) Q.7: a)

4.5.2 Aufgabengruppe R

Mit den Aufgaben sollte die Hierarchie von wertenden Aussagen verdeutlicht werden. Werden moralische, gruppenbezogene Werte oder individuelle Präferenzen angesprochen und sind diese untereinander vereinbar?

Lösung von Aufgabe R.1
Gruppenbezogene Wertvorstellungen erweisen sich als ethnische Vorurteile und verstoßen gegen das (höherwertige) moralische Prinzip der Gleichberechtigung und damit der Würde von Menschen.

Lösung von Aufgabe R.2
Rache-Handlungen beruhen auf individuellen Motiven und sind weder mit vertretbaren Gruppennormen noch mit moralischen Werten vereinbar.

Lösung von Aufgabe R.3
Die musikalische Vorliebe beruht auf einer individuellen Bewertung. Sie ist gerechtfertigt, da sie keine universellen Werte oder Gruppennormen verletzt.

Lösung von Aufgabe R.4
Die staatlich angeordnete oder geduldete Verfolgung und Tötung von Personen stellen Menschenrechtsverletzungen dar und verstoßen gegen universell gültige moralische Prinzipien. Ein Staat/eine Gruppe hat nicht das Recht und die Souveränität, solche Verstöße zu tolerieren oder gar als Norm einzuführen. Dass gegen

Menschenrechte von vielen Staaten in Vergangenheit und Gegenwart verstoßen wird, ist kein stichhaltiger Gegenbeleg für die hier getroffene Aussage.

Lösung von Aufgabe R.5

Ein von den Bürgern einer Gemeinde gewähltes Organ hat das Recht, solche wertende Entscheidungen zu fällen. Es werden durch die Entscheidung zwar einige Bürger negativ berührt sein (z. B. dürfte der Schwimmunterricht für die Schulkinder am Ort aufwändiger zu realisieren sein), aber für die Allgemeinheit ist die getroffene legale Güterabwägung akzeptabel.

Lösung von Aufgabe R.6

Es ist die Frage, ob sich eine kirchliche Organisation in Bereiche des Privatlebens und der individuellen Lebensentwürfe ihrer Mitglieder einmischen darf, die höchstens mittelbar religiöse Fragen tangieren. Die Berufung der Kirche bei der Verhütung auf universelle moralische Werte ist moralisch selbst fragwürdig, zumindest rational durch Bezugnahme auf andere Werte (etwa Entscheidungsfreiheit als Aspekt der Würde eines Menschen) anzweifelbar.

Lösung von Aufgabe R.7

Wenn sich eine Gemeinschaft besonderen Regeln unterwirft, die keine moralischen Grundprinzipien verletzen, dann ist das akzeptabel. Wenn jemand freiwillig deren Regeln übernimmt und der Gemeinschaft angehören möchte, so ist das Befolgen der Regeln selbstverständlich nicht zu beanstanden.

4.5.3 Lösungshinweise zu Aufgabe S

Gefragt war die Anwendung des „Ben Franklin Systems". Hier wird die Lösung zu der Aufgabe weitgehend so wiedergegeben, wie sie Ennis (1996, S. 302 ff.) vorschlägt. Es soll mit der Lösung nicht suggeriert werden, dass diese vollständig oder unumstößlich ist. Vielmehr soll auf diese Weise demonstriert werden, wie man das System anwenden kann. Wer mehr erfahren möchte, kann dies im Original nachlesen oder findet Beispiele im Internet.

Es sollte Leinenzwang für Hunde im Stadtpark eingeführt werden

FÜR Leinenzwang	GEGEN Leinenzwang
1. Der Leinenzwang würde zu weniger Hunde-kämpfen führen.	1. Es ist unbequem für Besitzer, ihre Hunde an der Leine zu führen.
2. Besucher, die sich vor Hunden fürchten, würden weniger verängstigt.	2. Der Leinenzwang lässt die Fähigkeiten der Hunde verkümmern, was Hunde reizbar macht und ihre Gesundheit beeinträchtigt.
3. Störungen von Aktivitäten im Park wie Volley-ballspiel, Schach, Ballspielen, Spielen im Sand-kasten würden geringer werden.	3. Richtig trainierte, nicht-aggressive Hunde würden unnötig in ihrem Bewegungsdrang ein-geschränkt; auch ihre Besitzer hätten so mehr Bewegungsspielraum im Park.
4. Hunde würden wahrscheinlich Besucher sel-tener anspringen, belecken, Kinder seltener um-stoßen.	4. Hunde haben das Recht umherzuspringen und ihren Bewegungsdrang ausleben.
5. Hunde würden seltener Personen beißen.	5. Der Leinenzwang konfligiert mit Hunde-rechten, wie sie der Tierschutz anmahnt.

6. Nicht-praktikable Alternativen:
a) allen Hunden den Parkzutritt zu verwehren wäre überzogen
b) nur Hunde und Besitzer mit Hundeführerschein zuzulassen, wäre in der Realisierung zu aufwändig

Quelle: Ennis 1996, S. 303

Ennis kommt zu dem Schluss, dass die Gründe für einen Leinenzwang überwiegen. Er vergleicht dazu die parallelen Elemente und gewichtet das Pro-Argument 4 doppelt, also so stark wie die Gegenargumente 4 und 5. Am Ende bleibt also Pro-Argument 5 übrig, das somit den Ausschlag für den Leinenzwang abgibt. Alternativen, die unter 6. aufgeführt sind, verwirft Ennis, auch nach Abwägung der angeführten Pro- und Gegenargumente.

4.5.4 Lösungshinweise zu Aufgabe T

Gefragt war nach den Elementen, die vor einer wichtigen Entscheidung berücksichtigt werden sollten. Hier werden die Ausführungen von Bierman und Assali (1996, S. 404 f.) zu der Aufgabe wiedergegeben. Diese Ausführungen können sich in der Aufgabe selbstverständlich nicht wiederfinden, da sie unbekannt waren. Die Ausführungen von Bierman und Assali sind jedoch zu Vergleichszwecken geeignet und um zu prüfen, ob man das methodische Prinzip verstanden hat.

Nun zur Fallvignette von Belle und Aaron, aus der Perspektive von Belle:

Ziele:

Belle hat eine Reihe von Zielen, die mit ihrer augenblicklichen Situation zusammenhängen: Eine Familie gründen, einen Studienabschluss erreichen, beruflich vorankommen, moralisch handeln.

Handlungen:

Belle denkt an einen Schwangerschaftsabbruch.

Betroffene Personen:

Zumindest Belle und Aaron werden von der Entscheidung betroffen sein, wahrscheinlich aber auch die Eltern der beiden. Belle weiß zudem um die moralischen Kontroversen, ob ein Fötus bereits als (potenzielle) Person mit eigenem Recht auf Leben zu beurteilen ist.

Auswirkungen:

Wenn Belle keinen Schwangerschaftsabbruch vornimmt, befürchtet sie das Studium nicht abschließen zu können und keine befriedigende berufliche Perspektive zu haben. Darüber hinaus hat sie Angst vor einer Verschlechterung ihrer Beziehung zu Aaron. Des Weiteren befürchtet sie, ihrem Kind nicht das an Bildung und Fürsorge mitgeben zu können, wie sie sich das wünscht.

Wenn sie einen Abbruch erwägt, glaubt sie unmoralisch zu handeln.

Ihre geschätzten Eltern und die von Aaron würden dagegen den Abbruch befürworten.

Einstellungen:

Belle hat eine positive Einstellung zu allen ihren Zielen.

Belle steht den Auswirkungen eines Nicht-Abbruchs negativ gegenüber, weil dadurch einige ihrer Ziele durchkreuzt würden.

Sie hat eine grundsätzlich negative Einstellung zum Schwangerschaftsabbruch, den sie für unmoralisch hält.

Sie ist sich ihrer Einstellung gegenüber Aaron unsicher, der einen Abbruch wünscht und sie zu diesem Zeitpunkt nicht heiraten möchte.

Sie möchte ihren und Aarons Eltern möglichst entgegenkommen.

Relevante Begriffe:

Belles sorgfältige Bewertung eines möglichen Schwangerschaftsabbruchs sollte sie nachdenken lassen über ihre Vorstellung von Liebe (zu Aaron), Glück, Moral (sind Frauen, die einen Schwangerschaftsabbruch vornehmen, unmoralisch?) und Personalität (ist ein Fötus eine Person?).

4.5.5 Lösungshinweise zu Aufgabe U

Auch zu dieser Aufgabe werden die Ausführungen von Bierman und Assali (1996, S. 504) wiedergegeben, um das methodische Prinzip moralischen Urteilens in Weiterführung der Überlegungen Immanuel Kants zu veranschaulichen.

Es geht in dem Beispiel um die Frage, ob sich die Maxime, wegen des eigenen Karrierevorteils am Arbeitsplatz falsche Anschuldigungen gegen einen Kollegen zu machen, als allgemeines Gesetz rechtfertigen lässt:

1) Bei der Behauptung, X. fälsche Abrechnungen seines Unternehmens, handelt es sich um den Sprechakt des Anklagens. Anklagen setzen als implizite Erfolgsbedingung voraus, dass der Anklagende guten Glaubens handelt, wonach der Angeklagte etwas Falsches oder Verbotenes getan hat.

2) Die getroffene Aussage enthält zusätzlich die Klausel, dass „falsche Behauptungen über X." gemacht werden.

3) Bewusst falsche Behauptungen zu verbreiten widerspricht dem Sprechakt des Anklagens (der nur im „guten Glauben" an die Angemessenheit der Beschuldigung als solcher realisiert werden kann).

4) Sowohl X. als auch der Anklagende sowie jedermann kennt (implizit) diese Voraussetzung für das Gelingen des Sprechakts „Anklagen" oder „Beschuldigung" und weiß, dass die Aussage von X. die Voraussetzung für eine allgemein gültige Gesetzesaussage nicht erfüllt.

5) Deshalb kann niemand unter den gegebenen Bedingungen den Sprechakt des Anklagens vollziehen. Die Gesetzesaussage hebt sich von selbst auf.

6) Aufgrund dessen ist die falsche Behauptung „Mitarbeiter X. fälscht die Kreditkartenabrechnungen des Unternehmens" in der besagten Situation zu unterlassen.

Man erkennt an dieser Beweisführung, dass es wie hier oft gar nicht erforderlich ist, explizit auf den moralischen Unwert einer Verleumdung zu rekurrieren, um die Aussage und die entsprechende Handlung als moralisch nicht akzeptabel zu beurteilen.

Analyse problematischer Aussagen

Die vorausgegangenen Kapitel beschäftigten sich mit Methoden, die ein möglichst vernünftiges, kritisches und selbstkritisches Argumentieren gewährleisten sollen. Abhängig vom jeweiligen Sachverhalt kommen hierbei unterschiedliche Verfahrensweisen in Frage.

Das folgende Kapitel befasst sich hingegen mit dem Sachverhalt, dass Argumente in der alltäglichen Kommunikation den Kriterien der Vernunft selten im vollen Umfang genügen. Man kann und sollte sich selbst immer wieder prüfen, ob das eigene Argumentieren rationalen Ansprüchen genügt, ob sich dabei nicht nur logische Fehler einschleichen, sondern auch ein ungewollt tendenziöses Vorgehen einstellt.

Argumente bzw. vermeintliche Argumente werden aber auch häufig gezielt unfair eingesetzt. Man glaubt, sich dadurch Vorteile gegenüber dem Kommunikationspartner zu verschaffen.

Derartige Vorgehensweisen werden im Allgemeinen häufig unter dem Stichwort „unfaire Argumente" behandelt. Um zu verdeutlichen, dass die Thematik jedoch weit über absichtliche Unfairness hinausreicht, haben wir für das Kapitel das Adjektiv „problematisch" statt „unfair" gewählt, um die im Folgenden berücksichtigten Argumentationen bzw. Fehlargumentationen zu bezeichnen.

Es ist also zum einen wichtig, sich mit problematischen Argumenten auseinanderzusetzen, um die eigene Verwendung von solchen Argumenten zu vermeiden oder zu vermindern. Zum anderen dient die Schulung an problematischen Argumenten dem Ziel, unfaire Kommunikation oder Verhandlungsführungen, die mitunter mit professioneller Raffinesse und Hinterlist praktiziert werden, zu erkennen, zu analysieren und diesen gegebenenfalls zu begegnen.

5.1 Formen problematischer Argumentationen

Gespräche, Debatten, Verhandlungen oder öffentliche Reden lassen sich grundsätzlich aus Zielen, Strategien und Taktiken zusammengesetzt denken (vgl. Ruede-Wissmann 1998, S. 294). Während etwa in fairen Debatten/Gesprächen um Ziele mit vernünftigen Gründen und mit anerkannten Methoden gerungen wird, werden in problematischen Situationen die Ziele verdeckt verfolgt, die Gegenseite durch Strategien wie Provokation, Verunsicherung und Manipulation von den wahren Absichten abgelenkt.

Es gibt unzählige problematische Taktiken, die strategisch eingesetzt werden. Solche problematischen argumentativen Taktiken können etwa folgendermaßen unterteilt werden:

- Persönliche Angriffe
- Scheinargumente
- Extreme Forderungen.

5.1.1 Persönliche Angriffe

Der erste Bereich problematischer Argumente beinhaltet Provokationen und Emotionalisierungen, um den Kommunikationspartner zu verunsichern. In Tabelle 5.1 werden verbreitete Taktiken (mit einem Beispiel) wiedergegeben.

Tabelle 5.1   Taktiken mit persönlichen Angriffen

Persönlicher Angriff	Beispiel
Beleidigungen	„Du bist ein Traumtänzer …"
Gerüchte	„Ich habe gehört, Herr Meier hat eine Affäre …"
Verleumdungen	„Wissen Sie nicht, dass Herr Meier eine Affäre mit Frau Müller hatte?"
Unterstellungen	„Du denkst doch immer nur an dich!"
Herabsetzen (z. B. durch Ironie)	„Du stehst mit beiden Füßen fest auf den Wolken."
Schuldzuweisungen	„Du allein bist dafür verantwortlich!"
Mit Sanktionen drohen	„Wenn du noch einmal vergisst deine Hausaufgaben zu machen, musst du nachsitzen!"
Bestreiten der Fachkompetenz	„Du bist doch viel zu jung, um das beurteilen zu können!"

Quellen: Ruede-Wissmann 1998, Thiele 2006, S. 143 ff.

Wie unschwer zu erkennen ist, sind die aufgeführten Taktiken vielgestaltig. Gemeinsam ist ihnen lediglich die Stoßrichtung, sich durch Abwertung oder Verunsicherung des Kommunikationspartners zu profilieren und sich einen argumentativen Vorteil zu verschaffen. Die Abwertung und Verunsicherung können unter Umständen dadurch gesteigert werden, dass andere relevante Personen einbezogen werden (bei Verleumdungen und bei der Ausstreuung von Gerüchten ist das qua Begriffsbedeutung ohnehin der Fall).

5.1.2 Scheinargumente

Eine zweite problematische Gruppe von Taktiken umfasst Scheinargumente. Diese Taktiken werden eingesetzt, damit eine rationale Auseinandersetzung um das beste Argument verhindert wird. Scheinargumente spielen insbesondere dann eine wichtige Rolle, wenn der Betreffende keine oder nur schwache Sachargumente zu bieten hat.

Bloße Meinungen werden z. B. als Tatsachen dargestellt oder hinter einem Wortschwall oder nichtssagenden Floskeln verborgen. Einen großen Bereich der Scheinargumente machen Lügen und das Arbeiten mit fingierten oder nicht existenten Fakten aus. Unwahrheiten sind im Grunde genommen schwache Argumente. Sie gewinnen ihre Bedeutung aus dem Umstand, dass sie in konkreten Situationen oft nicht als solche enttarnt werden können. Eine Übersicht über Scheinargumente gibt Tabelle 5.2 mit entsprechenden Beispielen wieder.

Tabelle 5.2   Scheinargumente

Scheinargumente	Beispiel
Meinungen als Tatsachen darstellen	„Wir können mit Sicherheit davon ausgehen ..."
„Killerphrasen", Verleugnung anderer Sichtweisen	„Unsere Budgets sind zurzeit zu eng, um den Fußballplatz zu erneuern ..." „Ganz unbestritten ist doch, dass ..."
Wortschwall	Reden, ohne seinen Gesprächspartner zu Wort kommen zu lassen.
Fachausdrücke, Fremdwörter	„Wer eine permanente kommunikative Insuffizienz eliminieren will ..."
Ständiges Dagegen-Sein	„Ich werde niemals deiner Meinung sein ..."
Umdeutungen	„Wieso fragst du, warum ich dich geschlagen habe? Ich hab dich doch nur gestreichelt."
Fehler suchen, Widersprüche entdecken	„Sie haben gesagt, unsere Hausaufgabe war gut, wieso haben wir dann keine 2 bekommen?"
Lügen	„Nein, Herr Lehrer, ich habe nicht verschlafen. Ich komme gerade vom Krankenhaus, wo meine Mutter schwer krank liegt."
„Fingierte" Fakten	X. beruft sich auf eine selbst ausgedachte Statistik.
Tatsachenbestreitung (Verneinung)	„Nein, ich habe nicht bei meinem Nachbarn abgeschrieben ..."
Bluff	„Das können Sie doch nicht machen. Ich gehe damit zum Direktor!"
Halbwahrheiten	Ben ist verliebt in Lisa, gibt aber nur zu, dass er sie mag.
Themenwechsel	„Sind Zusatzstoffe in unserem Essen gefährlich?" „Was heißt schon gefährlich? Gefährlich ist auch der Alkoholkonsum ..."

Quellen: Ruede-Wissmann 1998, Thiele 2006, S. 143 ff.

5.1.3 Extreme Forderungen

Extreme Forderungen bilden eine weitere Kategorie problematischer Argumente. Hierzu zählen Taktiken, mit denen Vorteile bezüglich des Endresultats einer Verhandlung oder Vereinbarung erreicht werden sollen. Mit extremen Forderungen will man den Kommunikationspartner beeindrucken, damit er einen Teil seiner Vorstellungen aufgibt bzw. den extremen, überzogenen Forderungen entgegenkommt.

Ruede-Wissmann (1998, S. 186) nennt als Beispiel für die Anwendung extremer Forderungen die Preisverhandlungen in arabischen Basaren. Hier wie generell geht es nicht darum, die extremen Forderungen durchzusetzen, sondern darum, vorteilhafte Kompromisse zu erzielen. In Tabelle 5.3 sind drei solcher Taktiken dargestellt.

Tabelle 5.3   Taktiken der extremen Forderung

Extreme Forderung	Beispiel
Ein Ultimatum stellen	„Wenn ihr eure Projektarbeiten bis morgen nicht abgegeben habt, kann ich euch keine Noten fürs Zeugnis ausstellen."
Hindernisrennen	Budget-Zielort-Verhandlungen bezüglich der Abschlussfahrt zwischen Lehrperson und Schülerschaft mit extrem unterschiedlichen Ausgangspositionen.
Salamitaktik	„Lasst uns erst einmal die Teilnoten eurer Abschlusszensur besprechen ..."

Quelle: Ruede-Wissmann 1998

Ein Ultimatum zu stellen bedeutet, den Kommunikationspartner bzw. Gegner mittels einer nicht oder kaum erfüllbaren Forderung in einen Stresszustand zu versetzen. Auf diese Weise kann man eine entgegenkommende Entscheidung erzwingen. Die Taktik des Hindernisrennens beinhaltet eine Maximalforderung zu Beginn einer Entscheidungsprozesses, die nachträglich Punkt um Punkt soweit reduziert wird, dass das Endresultat (noch) in der gewünschten Weise ausfällt. Bei der Salamitaktik wird „scheibchenweise" argumentiert. Durch diese Taktik werden vorteilhafte Ergebnisse erzielt, indem der strittige oder unangenehme Gegenstand der Verhandlung oder des Disputs schrittweise behandelt und nicht im „Gesamtpaket" besprochen wird.

5.2   Grundsätze, um problematischen Aussagen zu begegnen

Wer selbst nach dem Grundsatz handeln möchte, wahrheitsgemäß und fair zu argumentieren, hat bei der Meinungsbildung zu beachten, dass der fragliche Gegenstand aus verschiedenen Blickwinkeln betrachtet wird. Wer so handelt, vermeidet eine einseitige Argumentation, bleibt offen für andere Meinungen und ist bereit, seine eigene Meinung bei Erkennen problematischer Folgerungen oder aufgrund stärkerer Argumente zu modifizieren (ausführlich Ennis 1996, S. 365 ff.).

Was die Haltung gegenüber anderen Personen betrifft, ist es wichtig, ihnen offen und möglichst ohne Voreingenommenheit zu begegnen. Auf dieser Basis fällt es leichter, eine andere Meinung zu verstehen. Hierzu gehört auch, die Gefühlslage des Kommunikationspartners zu berücksichtigen. Grundsätzlich gilt, die eigene Position offen darzulegen. Dabei hilft die klare und präzise Darlegung der eigenen Argumente.

Gegenüber Gesprächspartnern, die mit unfairen Argumenten arbeiten, gelten dieselben Grundsätze. Sachlichkeit und Sicherheit vermeiden, die Auseinandersetzung „anzuheizen" und weiter zu belasten. Diese Empfehlung gilt insbesondere auch dann, wenn man von anderen mit angeblichen Argumenten persönlich attackiert wird.

Es gibt in der Literatur zahlreiche Verteidigungsstrategien für solche Fälle. Thiele schlägt unter anderem sogenannte Brückensätze vor, um z. B. ein wenig Zeit und Contenance zu gewinnen, um also die unangenehme, kritische Situation zu überbrücken.

Beispiele:
„Das höre ich zum ersten Mal, Herr X."
„Auf den ersten Blick mag das so aussehen. Wenn man jedoch genauer hinschaut ... "
(Thiele 2006, S. 126 ff., S. 239 ff.).

Der Autor behandelt insgesamt neun verschiedene Taktiken, um eine schwierige Gesprächssituation oder Debatten zu entspannen und die Gegenseite umzustimmen (Thiele 2006, S. 128 ff.: bedingte Zustimmung, Umformulierung, Vorteile-Nachteile-Methode, Referenzmethode, Verzögerungstechnik, Vorwegnahme, Verständnis zeigen, Beteiligung anderer, Ausklammern).

In ähnlicher Weise macht Ennis (1996, S. 373 ff.) zahlreiche Vorschläge, um auf problematische Argumente vernünftig zu reagieren und zur Klärung der Situation beizutragen. In Tabelle 5.4 sind die bei Ennis aufgeführten, nicht sehr trennscharfen Kategorien von Klärungsfragen mit jeweils einem Beispiel enthalten. Die verschiedenen Fragen können unterschiedlich dezidiert und scharf formuliert werden. Die geeignete Dosierung an Schärfe hängt mit davon ab, was die Rückfragen erreichen sollen: Weiterführung der Kommunikation oder gegebenenfalls Abbruch der Debatte.

Tabelle 5.4 Klärung problematischer Argumente

Fragen zur Klärung	Beispiele
Hauptpunkte abklären	Lassen Sie mich prüfen, ob ich es recht sehe: Ist dies Ihr Hauptanliegen: …?
Nach Gründen suchen	Warum sagen Sie das? Haben Sie Gründe für Ihre Schlussfolgerungen?
Die Grundlagen von Folgerungen in Frage stellen	Wie relevant ist dieser Punkt? Wie unterstützt dieses Argument Ihre Folgerung?
Klärung von Begriffen	Ich weiß nicht genau, wie Sie den Begriff gebrauchen? Wissen Sie überhaupt, was … bedeutet?
Nach der Bedeutung der Aussage fragen	Können Sie mir die Bedeutung Ihrer Ansicht für die aktuelle Situation erklären? Macht das irgendeinen Unterschied?

Quelle: Ennis 1996, S. 373 ff.

5.3 Aufgaben zum Analysieren problematischer Argumentation

Die nachfolgenden Aufgaben dienen in erster Linie dem Ziel, problematische Aussagen und Argumente zu erkennen und zu analysieren. Sie können weitergehend dazu anregen, sich im Unterricht mit dem Thema „problematische Argumentation" zu befassen, indem in der Klasse stattfindende Diskussionen auf solche Argumentationsmuster hin analysiert und in Richtung „Fairness" verbessert werden.

▸ **W. Erkennen problematischer Argumentationstaktiken**

W.1 Welche der folgenden Strategien gehört *nicht* zu den Hauptzielen problematischen Argumentierens?
- ☐ a) Manipulation
- ☐ b) Durchsetzungsfähigkeit
- ☐ c) Provokation

W.2 Welche der folgenden Taktiken gehören zu den „Persönlichen Angriffen"? (Mehrfachantworten möglich)
- ☐ a) Beleidigungen
- ☐ b) Killerphrasen
- ☐ c) Schuldzuweisungen
- ☐ d) Umdeutungen

W.3 Welche der folgenden Taktiken gehören zu den „Scheinargumenten"? (Mehrfachantworten möglich)
- ☐ a) Beleidigungen
- ☐ b) Gerüchte
- ☐ c) Ständiges Dagegen-Sein
- ☐ d) Bluff

W.4 Zu welcher Taktik problematischen Argumentierens gehört folgende Aussage: „Wenn du noch einmal vergisst deine Hausaufgaben zu machen, musst du nachsitzen!"?
- ☐ a) Beleidigungen
- ☐ b) Gerüchte
- ☐ c) Schuldzuweisungen
- ☐ d) Mit Sanktionen drohen

W.5 Zu welcher Taktik problematischen Argumentierens gehört die *Antwort* auf die Frage: Was denken Sie über den drastischen Anstieg der Arbeitslosigkeit? *Antwort: „Nicht die Arbeitslosigkeit ist das Problem. Das Problem ist die hohe Anzahl an Einwanderern mit geringen Bildungsstandards "*

☐ a) Schuldzuweisung

☐ b) Themenwechsel

☐ c) Meinungen als Tatsachen darstellen

☐ d) Salamitaktik

▶ **X. Konstruktionsprinzipien problematischer Taktiken**

X.1 Ständiges Dagegen-Sein (siehe Ruede-Wissmann 1998, S. 149 ff.)

„Ständiges Dagegen-Sein" als Taktik dient dazu, den Gegner auf unfaire Art und Weise zu zermürben. Dabei wird unter anderem den Schlüsselbegriffen des Gesprächspartners (PRO) mit einem tendenziell abwertenden Gegenbegriff (CONTRA) begegnet. Ordne den nachfolgenden Pro-Begriffen die korrekten Contra-Begriffe zu!

PRO	CONTRA
1) Information	a) Entfremdung
2) Erfahrung	b) Belehrung
3) Kommunikation	c) Neugier
4) Diskretion	d) Feigheit
5) Wahrheitsfindung	e) Irrtümer
6) Fortschritt	f) Manipulation
7) Interesse	g) Verletzung der Intimsphäre

X.2 Umdeutungen (siehe Ruede-Wissmann 1998, S. 124 f.)

Umdeutungen gehören als Taktik zum problematischen Argumentieren. Hierbei werden aus Vorteilen Nachteile gemacht – oder umgekehrt. Dazu wird häufig die Doppeldeutigkeit von Wörtern genutzt. Auch extreme Varianten dieser Wörter oder Wortneuschöpfungen sind denkbar. Deute folgende „positive" Begriffe ins Negative um. Und liefere Begründungen hierfür.

1) Glaubenseifer

2) Liebe

3) Entsorgungspark

4) Patriot

5) Gegner neutralisieren

6) naturbelassene Begrünung

▶ **Y. Problematischen Argumenten begegnen**
Es gibt unterschiedliche Möglichkeiten, auf unfaire Argumente zu reagieren, beispielsweise durch Schlagfertigkeit. Diese birgt jedoch die Gefahr in sich, dass die Kommunikation nicht nur vorübergehend gestört ist, sondern abbricht. „Harte Schlagfertigkeit" ist nur zu empfehlen, wenn einem die Beziehung zum Gesprächspartner gleichgültig ist und man nicht auf eine weitere Zusammenarbeit angewiesen ist (vgl. Thiele 2006, S. 123 ff.). In anderen Fällen ist es ratsam, Argumentationstechniken zu kennen, die die Aufmerksamkeit auf die sachliche Ebene zurücklenken und es erlauben, die Kommunikation fortzuführen.

Formuliere zu der folgenden unfairen Aussage ein Gegenargument, das die Kommunikation abbricht, und ein Gegenargument, das die Kommunikation aufrechterhält:
„Rio de Janeiro und Sidney, das sind Städte, verstehst du, nicht so Provinzorte wie München. Das muss man halt mal erlebt haben."

▶ **Z. Analyse von problematischen Argumentationen**

Z.1 Streitgespräch
Lies das folgende innerfamiliäre Streitgespräch durch und bearbeite anschließend die folgenden Aufgaben:
1. Charakterisiere die unterschiedlichen Standpunkte der Familienmitglieder!
2. Identifiziere problematische Argumente der verschiedenen Gesprächspartner und fertige eine Aufstellung an, in der die entsprechenden Aussagen der Familienmitglieder problematischen Gesprächstaktiken zugeordnet werden!

Julia, 16 Jahre, streitet sich mit ihren Eltern darüber, ob sie mit ihren Freundinnen in die Disco gehen darf. Ihr 18jähriger Bruder sitzt ebenso am Tisch. Es ergibt sich folgender Dialog:

Julia: Warum darf ich nicht ausgehen? Timo durfte mit 16 auch schon feiern gehen.
Vater: Weißt du nicht mehr, was passiert ist? Ich musste ihn stockbesoffen von der Straße aufsammeln. Ihr Jugendlichen sauft doch immer mehr. Ich habe erst letztens in der Zeitung gelesen, dass nur noch Flatrate-Saufen ins Koma angesagt ist. Das lasse ich ganz bestimmt nicht zu.
Timo: So besoffen war ich gar nicht. Außerdem hast du mich bei meinem Kumpel abgeholt und nicht an irgendeiner Straßenecke. Wo wollt ihr überhaupt hin?

Julia: Wir wollen ins Nachtwerk, die Disco im Zentrum. Da haben wir freien Eintritt und Elenas Vater bringt uns sogar dahin und holt uns um drei Uhr wieder ab. Ich kann euch auch seine Telefonnummer da lassen.

Mutter: Ich mache mir trotzdem Sorgen um dich. Du weißt nicht was da für Leute sind, weil du vorher noch nie da warst. Nachher gerätst du an irgendwelche Drogendealer, die weiß Gott was mit dir anstellen. Du bist ein Mädchen. Das macht einen großen Unterschied.

Timo: In die Absteige? Du willst dich doch nur volllaufen lassen und Typen abschleppen.

Julia: Spinnen jetzt eigentlich alle hier?! Ich muss jetzt für deinen Fehler büßen? Es ist doch nicht meine Schuld, dass du mit 16 noch nicht aus der Pubertät warst und dich nicht unter Kontrolle hattest. Und ihr, liebe Eltern, ihr wisst doch überhaupt nicht, wie es läuft. Flatrate-Saufen ins Koma? Nur weil man jetzt günstiger Alkohol bekommt als noch vor tausenden Jahren, als ihr mal jung wart, heißt es nicht zwangsläufig, dass man sich ins Koma säuft. Timo durfte das Wochenende danach sogar schon wieder weg. Was soll denn das heißen, „Ich bin ein Mädchen", warum darf ich nicht dieselben Erfahrungen machen wie Timo? Das ist unfair!

Vater: Nun hör' aber auf. Deine Mutter und ich sind uns einig. Wir trauen Elenas Vater genauso wenig wie dir. Wer weiß, was das für einer ist. Über den redet doch die ganze Stadt. Du bleibst jetzt hier, keine Widerrede!

Z.2 Problematischer Dialog

Lies den folgenden Dialog (nach Ennis 1996, S. 352) aufmerksam durch und bearbeite anschließend die beiden Aufgaben:

1. Wie rechtfertigt Miriam, dass sie sich an der Schlange vorgedrängelt hat? Welche Taktik problematischen Argumentierens kann man erkennen?

2. Ergänze den Dialog und formuliere eine überzeugende Reaktion aus der Sicht von Jonas, die Miriams Standpunkt widerlegt!

Dialog:

Jonas: Das war egoistisch, als du dich in die Schlange zum Mittagsbuffet gedrängelt hast!

Miriam: Ja und? Ich hab nur gemacht, was jeder getan hätte.

Jonas: Das ist nicht wahr und selbst wenn ... Es ist egal, was andere getan hätten. Es war egoistisch.

Miriam: Lass uns unsere Standpunkte definieren. Egoismus bedeutet, dass man immer nach seinen eigenen Wünschen handelt. Richtig?

Jonas: Hmm? Ich bin mir nicht sicher.

Miriam: Das ist aber eine einleuchtende Definition von Egoismus. Sie liefert eine sachliche Beschreibung dafür, wenn jemand egoistisch ist. Menschen haben Wünsche. Handeln sie nach ihren Wünschen, sind sie egoistisch. Es ist einfach so. Diese Definition vermeidet subjektive Vorstellungen, die manche Menschen mit dem Begriff Egoismus verbinden. Von daher handelt es sich um eine sehr gute Definition.
Jonas: Soweit vermag ich dir zu folgen. Fahre fort.
Miriam: Gut. Nun solltest du verstehen, dass alles, was wir Menschen machen, wirklich egoistisch ist. Das liegt daran, dass wir Menschen stets in Übereinstimmung mit unseren Wünschen handeln. Wenn wir nicht wünschten, was wir tun, würden wir es nicht tun.
Jonas: So?

Z.3 Analysieren von Karikaturen

Die nachfolgend dargestellten Karikaturen sollen analysiert werden, indem ihnen jeweils eine problematische Argumentationstaktik zugeordnet wird. Begründe außerdem die Entscheidung!

Karikatur 1

»Schon gehört Frau Müller? Streng vertraulich. Unser Chef hat was mit einer Rothaarigen!«

»Woher wissen Sie das?«

»Top-Info aus zuverlässiger Quelle. Vom Freund eines Bekannten. Dessen Freundin hat eine Freundin, die ab und zu mal das Lokal besucht, wo der Chef gesehen wurde…!«

»Na, bitte. Geahnt habe ich immer etwas. Aber jetzt endlich weiß ich es …!«

Quelle: Ruede-Wissmann 1998, S. 198

Karikatur 2

»Herr Minister, haben Sie gelogen ...?«
»Aber nein! Das war nur ein taktisches Abweichen von der erkannten
Wahrheit zum Zwecke der Aufrechterhaltung der Kommunikation, und
zwischenmenschliche Kommunikation ist bekanntlich etwas sehr Wert-
volles. Wenn man das ablehnt, lehnt man wertvolle menschliche
Kontakte ab!
Wollen Sie das ...!?? Na, also ... !!«

Quelle: Ruede-Wissmann 1998, S. 144

Z.4 Analyse politischer Kommunikation

Hintergrund:

Am 6. Juni 2013 informierte der britische „Guardian" und die amerikanische „Wa-
shington Post" über ein weitgefächertes Abhörnetz des amerikanischen Geheim-
dienstes NSA (National Security Agency), das in die Rechner von Internetfirmen
eindringt und so Videos, Fotos, E-Mails und Kontaktdaten überwacht. Daten von
Telefonanbietern werden tausendfach gespeichert. Die Informationen stammten
von Edward Snowden, der zuvor für die NSA über externe Unternehmen tätig
war. Nach seiner Flucht aus den USA, wo gegen ihn Anklage wegen Spionage und
Diebstahl erhoben wurde, gelangten weitere Details über das Ausmaß des Späh-
projektes in die Öffentlichkeit. Auch in Deutschland werden jeden Monat eine
halbe Milliarde Telefonate, E-Mails und SMS überwacht. Diese Praktik greift in
die Grundrechte der deutschen Bürger ein und veranlasste eine Debatte über Per-
sönlichkeitsrechte und ihre Relativierung im Dienste nationaler Sicherheit.

Aufgabe 1:
Lucas, Helen, Ben und Sarah stehen während der 20minütigen Mittagspause gemeinsam auf dem Schulhof. Sarah nutzt die Gelegenheit um ihre Facebook-Nachrichten zu lesen. Lucas schreibt diverse SMS. Es kommt zu folgendem Gespräch.

Ben: *Lucas, was schreibst du da?*
Lucas: *Geht dich nix an!*
Ben: *Mach nicht so ein Geheimnis daraus, die NSA liest eh' mit.*
Lucas: *Blödsinn. Die lesen nur mit, wenn ich ein Terrorist wäre.*
Helen: *Bist du ja vielleicht. Um das herauszufinden, lesen die deine Nachrichten.*
Ben: *Und deshalb kannst du mir doch sagen, was du da schreibst, und vor allem, wem.*
Sarah unterbricht: *Habt ihr gehört, dem Snowden droht in Amerika eine Gefängnisstrafe, dafür, dass er die Wahrheit gesagt hat.*
Helen: *So ganz stimmt das nicht! Er hat Geheimnisse herausgegeben und musste sicherlich dafür unterschreiben, dass er das nicht macht. Und besonders hilfreich ist das nicht gewesen. Jetzt wissen die Terroristen auch davon und können sich neue Strategien einfallen lassen.*
Sarah: *Wie? Findest du das etwa richtig, dass da jemand ins Gefängnis muss, weil er die Wahrheit gesagt hat? Und willst du etwa, dass die deine Nachrichten abfangen und lesen?*
Helen: *Das habe ich nicht gesagt. Ich will nur nicht irgendwann in die Luft gesprengt werden, weil irgendwo ein Terrorist eine Bombe platziert hat. Wenn das verhindert werden kann, warum nicht?*
Ben: *Wer nichts zu verbergen hat, hat nichts zu befürchten! Und deswegen Lucas, solltest du mir sagen, wem du da schreibst. Nicht, dass Helen demnächst Angst haben muss in die Luft zu gehen.*
Lucas: *Ben, du bist schon echt eine Bombe. Die sollen doch die Terroristen ausspionieren, doch mich sollen die in Ruhe lassen.*
Ben: *Wie sollen die wissen, ob du nun ein Terrorist bist oder nicht? Dafür müssen die deine Nachrichten erst lesen! Hast du etwa eine Neue am Start? Oder schreibst du etwa deiner Mama?*
Lucas: *Ich schreib gleich deiner Mama! Seit wann bist du so nervig neugierig? Studien haben gezeigt, dass Neugierige eine kürzere Lebenszeit haben. Also überleg dir, ob du nicht lieber länger leben willst.*
Ben: *Was soll das denn für eine Studie sein? Du darfst nicht alles glauben, was die in den Medien bringen. Das kam bestimmt nur von Terroristen, die nicht mehr wollten, dass man sie ausspioniert.*
Sarah: *Ben, ist das für dich kein Problem, dass da irgendwelche Leute deine Nachrichten abfangen?*

Ben: Nein!
Sarah: Also wäre das für dich überhaupt kein Problem, wenn ich zu dir nach Hause fahre und mich an deinen Rechner setze, alle Festplatten durchsuche, all deine E-Mails lese, du mir dein Handy gibst und ich auch deine SMS lese?
Ben: Nein!
Sarah: Dann gib mir dein Handy
[Ben überreicht sein ausgeschaltetes Handy]
Sarah: Kannst du es einschalten?
Ben: Nein! Ich hab schon kapiert, worauf du hinaus willst.

Wähle zwei Charaktere aus und untersuche deren Argumentationslinie nach problematischen Argumenten. Notiere das jeweilige problematische Argument mit Textbeleg.

Aufgabe 2:
„Wer Verbrechen und Terror – koste es, was es wolle – vorbeugen will, der weiß nie genug!" Dieser Satz entstammt einem Zeitungsartikel, mit der Überschrift: „Überwachung im Namen der Sicherheit" (Sueddeutsche.de, vom 11. 07. 2013).

Am Abend betritt Ben sein Zimmer und sieht, wie sein großer Bruder ungefragt an seinem PC sitzt und in seinen Bildern umher klickt.
Greife den Zeitungssatz auf und bringe dessen Kerngedanken in einen von dir verfassten Dialog zwischen Ben und seinem großen Bruder unter!
(Anmerkung: Der Zeitungssatz soll hierbei nicht wortwörtlich widergegeben werden)

5.4 Lösungen und Lösungshinweise

5.4.1 Lösungen von Aufgabengruppe W

Die Aufgaben von W sind relativ einfach, wenn ein entsprechendes Wissen erworben und dabei die verwendeten begrifflichen Kategorien beachtet werden.
Lösung von Aufgabe W.1: b
Lösung von Aufgabe W.2: a, c
Lösung von Aufgabe W.3: c, d
Lösung von Aufgabe W.4: d
Lösung von Aufgabe W.5: b

5.4.2 Lösungen von Aufgabengruppe X

Lösung von Aufgabe X.1
1b, 2e, 3f, 4d, 5g, 6a, 7c

Anmerkung: Bei dieser Aufgabe besteht die Schwierigkeit darin, dass die abwertenden Gegenbegriffe vorgegeben sind. Bei freien Antworten würden womöglich andere Gegenbegriffe genannt werden. Zudem sind die Zuordnungen nicht exklusiv. Der Gegenbegriff „Neugier" könnte nicht nur „Interesse", sondern auch „Wahrheitsfindung" zugeordnet werden. Ein Grund für die Uneindeutigkeit der Lösungen liegt in der Abstraktheit der abgefragten Begriffe.

Lösungsvorschlag zu Aufgabe X.2
1) Fanatismus
2) sexuelle Hörigkeit
3) Müllkippe, Schandfleck
4) Nazi, Ethnozentriker
5) Gegner ermorden
6) ungepflegter Rasen

Anmerkung: Die Vorschläge zur begrifflichen Umdeutung sind naheliegend, aber nicht erschöpfend. Die Begründungen der Schülerinnen und Schüler dienen dazu zu prüfen, ob sie tatsächlich Umdeutungen vorgenommen haben.

5.4.3 Lösungsvorschläge für Aufgabe Y

Argument, das die Kommunikation abbricht:
„Wollen Sie mich als hinterwäldlerisch bezeichnen? Das ich nicht lache ... Und das sagen gerade Sie, obwohl Sie aus Buxtehude stammen?"

Argument, das die Kommunikation aufrechterhält:
„Toll, dass Sie schon so viel in der Welt herumgekommen sind. Teilen Sie Ihre Erfahrungen doch bitte mit mir."

5.4.4 Lösungshinweise zu Aufgabengruppe Z

Lösungshinweise für Z.1

Aufgabe 1:
Die Argumentationen der einzelnen Personen erinnern an einen typischen Eltern-Kind-Konflikt, den Schüler und Schülerinnen vielleicht in ähnlicher Weise schon selbst erlebt haben. Für diese Aufgabe müssen noch keine „problematischen Argumente" explizit unterschieden und benannt werden können, um zu analysieren, mit welchen Taktiken in den Streitgesprächen argumentiert wird. Diese Aufgabe kann somit auch zu Beginn einer Unterrichtseinheit zu „problematischen Argumenten" gestellt werden. In der Aufgabenstellung wurde der Operator „Charakterisieren" verwendet, der zulässt, dass die gesamte Dialogstruktur betrachtet wird und nicht nur einzelne „problematischen Argumente" abgehakt werden.

Eine Charakterisierung des Streitgesprächs könnte folgende Elemente enthalten: Julia ist 16 und will ausgehen. Sie versucht die Eltern zu überzeugen, indem sie ihnen Informationen über den Aufenthaltsort, die Dauer und die Kontaktperson liefert. Die Eltern sollen sich sicher fühlen und sie gehen lassen. Diese verbieten ihr abends auszugehen, mit der Begründung, dass der Bruder sich im gleichen Alter falsch verhalten hätte. Sie muss also die Konsequenzen für dessen Fehlverhalten tragen. Das lässt ihre Aufregung über die unfaire Entscheidung erklären. In der Aufregung schlägt ihr Ton in Ironie und in Beleidigungen um. Sie versucht „Flatrate-Saufen" ins Positive umzudeuten und weist ihre Eltern auf deren veraltete Moralvorstellungen hin. Julias Bruder Timo ist zwei Jahre älter als sie. Er bestreitet den Vorfall vor zwei Jahren und verharmlost ihn. Er unterstützt seine Schwester nicht und unterstellt ihr bedenkenloses Verhalten in der Disco. Er lässt sie vor ihren Eltern schlecht dastehen. Mit dem Totschlagargument, sie sei ein Mädchen, scheint für die Mutter der Streit beendet. Sie spricht ihrer Tochter die

Fähigkeit zu eigenverantwortlichem Handeln ab. Sie malt sich den Abend aus und übertreibt dabei die möglichen Gefahren. Sie pocht auf geschlechtsspezifische Unterschiede, vor allem wenn es darum geht, sich bei Gefahrensituation in Sicherheit zu bringen. Der Vater gibt schließlich zu, dass sie als Eltern ihrer Tochter nicht vertrauen. Er beruft sich auf fingierte Fakten aus der Zeitung bezüglich des Alkoholgenusses von Jugendlichen und Gerüchten aus der Nachbarschaft über den Vater von Julias Freundin. Das genügt ihm als Grund, sie nicht ausgehen zu lassen. Er behält das letzte Wort und lässt keine weitere Diskussion zu.

Hinweise zu Aufgabe 2:

Problematische Argumente des Vaters	Problematische Argumente der Mutter	Problematische Argumente Julias	Problematische Argumente von Timo
Unterstellung: „Ihr Jugendlichen sauft doch immer mehr."	Gerüchte, Herabsetzen: „Du weißt nicht, was da für Leute sind, weil du vorher noch nie da warst."	Beleidigung: „Spinnen jetzt eigentlich alle hier?!" „Es ist doch nicht meine Schuld, dass du mit 16 noch nicht aus der Pubertät warst und dich nicht unter Kontrolle hattest."	Tatsachenbestreitung: „So besoffen war ich gar nicht."
Übertreibung: „Ich musste ihn stockbesoffen von der Straße aufsammeln."	Übertreibung: „Nachher gerätst du an irgendwelche Drogendealer, die weiß Gott was mit dir anstellen."	Umdeutung, Ironie: „Nur weil man jetzt günstiger Alkohol bekommt als noch vor tausenden Jahren, als ihr mal jung wart"	Ironie: In die Absteige?
Fingierte Fakten: „Ich habe erst letztens in der Zeitung gelesen, dass nur noch Flatrate-Saufen ins Koma angesagt ist."	Killerphrase: „Du bist ein Mädchen. Das macht einen großen Unterschied."		Unterstellung, Verleumdung: „Du willst dich doch nur volllaufen lassen und Typen abschleppen."
„Gerüchte: „Wer weiß was das für einer ist. Über den redet doch die ganze Stadt."			
Killerphrase: „Du bleibst jetzt hier, keine Widerrede!"			

Quelle: Eigene Darstellung

Lösungshinweise für Z.2

Hinweise zu Aufgabe Z2, 1:
Miriam rechtfertigt ihr Vordrängeln, indem sie die Definition von Egoismus (positiv) umdeutet und auf dieser Umdeutung aufbauend ihre Schlussfolgerung zieht. Dabei ignoriert sie das Problem, dass ihre Definition gerade die Wertfragen ausklammert, die bei der Befassung mit dem Thema „Egoismus" zentral sind.

Hinweise zu Aufgabe Z2, 2:
Eine mögliche Abwehrstrategie gegen die Umdeutungsversuche Miriams wäre, dass man die Definition näher ausdifferenziert, um so erkennen zu können, dass die genannte Definition auf das bestehende Problem nur unzureichend zutrifft. Eine andere Möglichkeit bestünde darin, die Prüfung von Wertaussagen anzustreben: Mit Hilfe des Kategorischen Imperativs ließe sich aufzeigen (siehe Kapitel 4), dass eine egoistische Handlung zwar durch eine „natürliche", subjektive Maxime motiviert sein mag, dass diese Maxime aber nicht verallgemeinerungsfähig und damit moralisch nicht gerechtfertigt ist.

Lösungen für Z.3

Lösung zu Karikatur 1: Ein Gerücht; möglicherweise eine Verleumdung.
Lösung zu Karikatur 2: Eine Umdeutung (aus möglichen Fehlern Vorteile machen).

Anmerkung: Bei dieser Aufgabe müssen Schüler und Schülerinnen ihr Wissen anwenden und die dargestellten Sachverhalte interpretieren können. Sie müssen in der Lage sein, Dargestelltes zu beschreiben und in einen größeren thematischen Kontext einzuordnen.

Lösungshinweise für Z.4

Hinweise zu Aufgabe Z4,1:

Taktiken von Ben	Taktiken von Lucas	Taktiken von Helen	Taktiken von Sarah
Killerphrasen: „Wer nichts zu verbergen hat, hat nichts zu befürchten! „Du darfst nicht alles glauben, was die in den Medien bringen."	**Tatsachenbestrei-tung:** „Blödsinn. Die lesen nur mit, wenn ich ein Terrorist wäre."	**Ironie:** „Bist du ja vielleicht." [ein Terrorist]	**Halbwahrheiten/Meinungen als Tatsachen darstellen:** „… nur dafür, dass er die Wahrheit gesagt hat."
Tatsachenbestreitung (Verneinung): Nein!	**Herabsetzen (Ironie)/ Beleidigung:** „Ben, du bist schon echt Bombe." „Ich schreib gleich deiner Mama!"	**Killerphrasen:** „jetzt wissen die Terroristen auch davon" „… weil irgendwo ein Terrorist eine Bombe platziert hat."	**Killerphrasen:** „Findest du das etwa richtig, dass da jemand ins Gefängnis muss, weil er die Wahrheit gesagt hat?"
Meinungen als Tatsachen darstellen: „die NSA liest eh' mit" „Das kam bestimmt nur von Terroristen, die nicht mehr wollten, dass man sie ausspioniert."	**Fingierte Fakten:** „Studien haben gezeigt, dass Neugierige eine kürzere Lebenszeit haben."		
Unterstellung und Ironie: „Nicht, dass Helen demnächst Angst haben muss in die Luft zu gehen." „Hast du etwa eine Neue am Start? Oder schreibst du etwa deiner Mama?"			

Quelle: Eigene Darstellung

Hinweise zu Aufgabe Z4,2:
Es ist erforderlich, dass Ben einen Perspektivwechsel vornimmt. Hierbei könnte er die Taktiken aus dem Dialog mit Lucas, Sarah und Helen reflektiert aufgreifen, wobei die Argumente an die Situation angepasst werden müssen: Die NSA entspräche in etwa dem großen Bruder, Ben dem unter Terrorverdacht stehenden

Bürger. Dem Einfallsreichtum sind bei der Dialogerstellung keine weiteren Einschränkungen gesetzt.

Diese Aufgabe ist anspruchsvoll und verlangt auch von der Lehrperson Sicherheit im argumentativen Urteilen. Interessant an der Aufgabe sind ihr Bezug zum politischen Zeitgeschehen und die Möglichkeit kreativer individueller Lösungen.

Literatur

Astleitner, H. (1998). *Kritisches Denken. Basisqualifikationen für Lehrer und Ausbilder.* Innsbruck: Studienverlag.

Bierman, A. K., Assali, R. N. (1996). *The Critical Thinking Handbook.* Upper Saddle River: Prentice Hall.

Brandom, R. (2000). *Expressive Vernunft.* Frankfurt a. M.: Suhrkamp.

Ennis, R. H. (1996). *Critical Thinking.* Upper Saddle River: Prentice Hall.

Ennis, R. H. (2011). The Nature of Critical Thinking: An Outline of Critical Thinking Dispositions and Abilities. http://www.faculty.education.illinois.edu/rhennis/documents/TheNatureofCriticalThinking_51711_000.pdf. Zugegriffen: 13. September 2014.

Halpern, D.F (1998). Teaching Critical Thinking for Transfer Across Domains. *American Psychologist* 33, 449–455.

King, P. M., Kitchener, K. S. (1994). *Developing Reflective Judgment. Understanding and Promoting Intellectual Growth and Critical Thinking in Adolescents and Adults.* San Francisco: Jossey-Bass.

Kohlberg, L. (2001 [1976]). Moralstufen und Moralerwerb. Der kognitiv-entwicklungstheoretische Ansatz. In: W. Edelstein, F. Oser, P. Schuster (Hrsg.), *Moralische Erziehung in der Schule* (S. 35–61). Weinheim: Deutscher Studienverlag.

Kopperschmidt, J. (1989). *Methodik der Argumentationsanalyse.* Stuttgart-Bad Cannstatt: frommann-holzboog.

Löffler, W. (2008). *Einführung in die Logik.* Stuttgart: Kohlhammer.

Masschelein, J. (2003). Trivialisierung von Kritik. *Zeitschrift für Pädagogik*, 46. Beiheft, 124–141.

Popper, K. R. (1971). *Logik der Forschung. 4. Auflage.* Tübingen: J. C. B. Mohr.

Ruede-Wissmann, W. (1998). *Satanische Verhandlungskunst und wie man sich dagegen wehrt. 4. Auflage.* München: Wirtschaftsverlag Langen Müller/Herbig.

Strobach, N. (2011). *Einführung in die Logik. 2. Auflage.* Darmstadt: Wiss. Buchgesellschaft.

Thiele, A. (2006). *Die Kunst zu überzeugen. Faire und unfaire Dialektik. 8. Auflage.* Berlin: Springer.

Zarefsky, D. (2014). *Rhetorical Perspectives von Argumentation.* Heidelberg: Springer.

The manufacturer's authorised representative in the EU is Springer
Nature Customer Service Centre GmbH, Europaplatz 3, 69115 Heidelberg,
Germany. If you have any concerns regarding our products, please
contact ProductSafety@springernature.com

Printed and bound by CPI Group (UK) Ltd, Croydon, CR0 4YY
27/04/2026
02097617-0001